南·道·味

매운맛 행복밥상

스타들이 극찬한 힘이 솟는 토종 전라도 맛!
매운맛 행복 밥상

지은이 설동순 | **펴낸이** 김용태 | **펴낸곳** 이룸나무
사진 김철환 | **진행** 조윤희 **편집** 김민채 | **마케팅** 출판마케팅센터 | **본문 및 표지** 디자인 숲

초판 1쇄 인쇄일 2011년 4월 10일
초판 1쇄 발행일 2011년 4월 15일
주소 130-823 서울특별시 동대문구 용두동 236-1 대우아이빌 101동 106호
전화 편집 02-3291-1125 마케팅 031-943-1656 팩시밀리 02-3291-1124
E-mail iroomnamu@naver.com
출판 신고 제 305-2009-000031 (2009년 9월 16일)
가격 14,500원
ISBN 978-89-963203-7-1 13590
※ 잘못된 책은 구입한 서점에서 바꾸어 드립니다.

iROOMNAMU

스타들이 극찬한 힘이 솟는 토종 전라도 맛!

南·道·味

매운맛 행복밥상

설동순 지음

이룸나무

Prologue

매운맛 행복 밥상으로
이 땅의 모든 분들이
더 많이 힘내시길……

60여 년 동안 둥지를 틀고 살아온 제 고향 순창은 고추장과 장아찌로 이름난 곳입니다. 예부터 옥천(玉川) 고을로 불렸던 순창은 섬진강 상류에 자리해 물이 맑고 맛이 좋기로 유명하지요. 순창은 고추장을 담기에 아주 좋은 기후를 지닌 곳입니다. 그런 까닭에 어릴 적부터 고추장과 고추장 장아찌는 제게 늘 친숙한 음식이었습니다.

고추장을 직접 만들어 판 지가 벌써 30여 년이 넘습니다. 한 우물만 판 덕분에 고추장 제조 기능인으로 선정되었고, 제가 만든 고추장이 전라북도 도지사가 선정해 준 고추장 최고 명품에 뽑히기도 했습니다. 그 덕분에 전국 각지에서 고추장 맛을 보기 위해 저희 집에 찾아온 분들을 그동안 참으로 많이 만났습니다. 텔레비전이나 영화에서만 보았던 유명 스타들과도 자주 만났습니다. 그분들 중에는 친 오누이처럼 다정하게 지내는 분들도 적지 않습니다. 그분들로부터 자신만의 매운맛 내는 요리 비법을 전수 받기도 하고, 제가 아는 매운맛 요리 비법을 그분들께 알려 드리기도 했지요. 그러다 보니 제가 그동안 알게 된 매운 요리가 적지 않습니다.

손님들은 매운 고추장과 장아찌를 땀 뻘뻘 흘려 가며 드시고 "정신이 번쩍 든다", "힘이 솟구치는 것 같다"는 이야기를 많이 하십니다. 요즘 경제가 많이 어렵다고들 하지요? 경제가 어렵다 보니 제가 사는 순창 민속마을도 경기를 타는 것 같습니다. 예전보다 손님들의 발걸음이 많이 줄었지요. 그래서 기운이 좀 빠져 있는데, 어느 날 고추장 장아찌를 담그다가 매운 음식을 먹고 기운이 난다던 손님들의 이야기가 떠올랐습니다. '그래, 이럴 때일수록 사람들이 매운 음식을 더 많이 먹고 기운을 얻어야 하는데……' 하는 생각이 들면서 저 역시 다시 힘이 불끈 솟기 시작했지요. 좀더 많은 분들이 매운맛 행복 밥상과 함께 새로운 힘과 용기를

얻으면 좋겠습니다. 제 작은 노력이 조금이나마 보탬이 되었으면 정말 좋겠습니다.

매운맛과 힘나는 게 어떤 관계가 있느냐고 되묻는다면 사실 좀 막막해집니다. "입 안이 얼얼해지고 등줄기에 땀이 흐르니 살아 있다는 느낌을 더 강하게 받는다"고 말하면 너무 궁색한 대답인가요? 맵고 뜨거운 국물을 먹으며 '시원하다'고 말하는 한국 사람, 우리만이 알 수 있는 그 알싸한 맛의 힘을 어찌 논리 정연한 말로 표현할 수 있을까요.

순창 산골에서 30여 년 이상 고추장과 장아찌만 만들며 살아 온 제가 주제 넘는 일을 벌였습니다. 매운 음식을 먹고 모든 분들이 기운 펄펄 내서 즐겁게 사셨으면 하는 마음에서 용기를 낸 것입니다. 혹시라도 '누구나 다 아는 요리들이네'라며 싱겁게 여길 분들이 계실지도 모르겠습니다. 또 자극적인 맛이 몸에 해롭다며 매운맛 음식을 즐기지 않는 분들도 계실지 모르겠고요. 하지만 흔한 요리일지라도 손맛을 제대로 내기란 쉬운 것이 아니더군요. 매운 요리가 일상에 활력을 줄 수 있다는 사실을 말씀 드리고 싶습니다. 친근하면서도 맛깔스러운 매운맛 행복 밥상 이야기가 여러분 가족들의 기운을 북돋는 데 도움이 되었으면 하는 바람입니다.

재주 없는 사람의 조리법을 귀한 책으로 묶어 주신 이룸나무 출판사 여러분들과 조리법을 정리해 주느라 애쓴 김유미 씨에게 감사의 인사를 드립니다. 그리고 늘 고추장 만들고, 장아찌 담그는 일에 빠져 사느라 제대로 돌보지도 못했는데 곱게 잘 커 준 은영·은미·은자·은숙 네 딸과 남편에게도 공을 돌리고 싶습니다.

매운 음식 드시고, 신바람 나는 일이 생기는 분들이 많아지는 세상이 되었으면 합니다.

2011년 이른 봄날에
설동순

Contents

프롤로그 4
매운맛이 좋다! 첫 번째
고추장 장인이 들려 준 힘 펄펄 나는 매운맛 이야기 **10**
매운맛이 좋다! 두 번째
고추장 장인이 들려 준 매운맛의 절정, 고추장 이야기 **14**
에필로그 **200**

PART 1
매콤해서 더 맛있고 행복하다! 고추장 별미 요리

고추장 별미 요리 더 맛있게 만드는 비법 **20**
매운쇠갈비찜 **22**
고추장돼지불고기 **24**
육회 **25**
육회비빔밥 **28**
미나리낙지무침 · 무채어리굴젓 **29**
LA갈비구이 **30**
고추장더덕구이 **32**
파강회 **34**
고추장장떡 **36**
바지락회무침 · 고추장수육 **37**
비빔국수 **38**

PART 2
보글보글 소리부터 군침 돈다! 탕 & 찌개

탕 & 찌개 더 맛있게 만드는 비법 **42**
쇠고기김치찌개 **46**
조기매운탕 **48**
김칫국 **50**
돼지고기김치찌개 **52**
북어고추장찌개 · 콩나물탕 **53**
육개장 **54**
얼큰고추장두부찌개 **56**
된장찌개 **58**
청국장찌개 **60**
오징어매운찌개 · 코다리고추장양념구이 **61**
생태찌개 **62**
애호박고추장찌개 **64**
추어탕 **66**
고등어김치찌개 **68**
북어김치해장국 **70**
표고찌개 **72**
고추장순두부찌개 **74**

PART 3
매콤달콤 입 안에 착착 감긴다! 조림

조림 더 맛있게 만드는 비법 **78**
북어조림 **80**
감자조림 **82**
호박조림 **84**
김치꽁치조림 · 열무김치멸치조림 **85**
두부조림 **86**
닭매운조림 **88**
조기조림 **90**
갈치조림 **92**
고등어조림 **94**
무조림 **96**
병어조림 · 명태포조림 **97**

Contents

보너스 정보

설동순 장인이 알려준 요리 더 맛있게 하는 비법

1. 양념장 더 맛있게 만드는 비법 **190**
2. 좋은 재료 고르는 비법 **192**
3. 간장 더 맛있게 만드는 비법 **195**
5. 된장 더 맛있게 만드는 비법 **196**
6. 청국장 더 맛있게 만드는 비법 **197**
7. 천연 조미료 더 맛있게 만드는 비법 **198**

PART 4
입맛 살려 주는 얼큰한 밥반찬, 무침 & 볶음

무침 & 볶음 더 맛있게 만드는 비법 **100**
머위나물무침 **104**
홍어무침 **106**
골뱅이무침 **108**
콩나물무침 **110**
미나리무침 **112**
도라지오이생채 · 돌미나리나물 **113**
부추겉절이 **114**
오이무침 **116**
생굴무침 · 달래오이무침 **117**
멸치무침 **118**
북어채무침 **120**
시래기무침 · 조개젓무침 **121**
더덕무침 **123**
무생채 **124**
무말랭이무침 · 봄동겉절이 **125**
고구마줄기무침 **126**
고구마이파리무침 **128**
쇠고기고추장볶음 · 볶음김치 **129**
오징어볶음 **130**
매운닭강정 **132**
제육볶음 **134**
버섯야채볶음 **136**
낙지볶음 **138**
오징어새우볶음 **140**

PART 5
곰삭은 매운맛에 밥 한 그릇이 뚝딱! 고추장 장아찌
고추장 장아찌 집에서 손쉽게 만드는 비법 **144**

도라지장아찌 **148**
더덕장아찌 **150**
마늘종장아찌 **152**
풋고추장아찌 · 양파장아찌 **153**
오이장아찌 **154**
무장아찌 **156**
매실장아찌 **157**
마늘장아찌 **158**
감장아찌 **160**
굴비장아찌 **162**
깻잎장아찌 **164**
고들빼기장아찌 **166**
머위장아찌 **168**
고춧잎장아찌 · 두릅장아찌 **169**

PART 6
대한민국 매운맛의 대표 선수! 김치
김치 더 맛있게 만드는 비법 **172**

배추김치 **174**
파김치 **178**
깻잎김치 **180**
배추겉절이 · 돌나물물김치 **181**
깍두기 **182**
열무김치 **184**
열무물김치 **186**
백김치 **187**

매운맛이 좋다!
첫 번째

고추장 장인이 들려 준

반가운 레드푸드 열풍

30여 년 매운 고추와 함께 살아 온 저는 이제야 '매운맛이란 이런 거다' 는 것을 조금 알게 된 것 같습니다. 순창에서 나고 자라고, 아이 넷을 낳고 살아 온 60여 년 세월 동안 저는 매운맛과는 떼려야 뗄 수 없는 인연을 맺어 왔습니다. '작은 고추가 맵다', '고추장 단지가 열둘이라도 서방님 비위 못 맞춘다' 등 매운맛에 얽힌 속담을 들으며 자랐고, 고추를 다듬다가 매운맛 때문에 흘린 눈물이 거짓말을 보태면 집 앞을 흘러 들어가는 섬진강 줄기처럼 많았을 것이라는 생각이 들 정도입니다.

요즘 '레드푸드'가 다시 각광 받는다는 소식을 들었습니다. 빨간 라면, 빨간 카레, 빨간 자장 등을 비롯해서 빨간색 채소가 인기리에 팔린다더군요. 레드와인을 20% 이상 넣은 빨간 빵도 있더라고요. 빨간색을 띠는 식품이 뇌졸중 등 성인병 예방에 특효가 있다는 소문이 나면서 이런 레드푸드 열풍이 불고 있는 것이지요.

이런 소식을 전해 들으면서 저는 우리가 매일 먹는 반찬들이 거의 매운 고춧가루가 들어간 음식으로 이루어졌는데 새삼 무슨 레드푸드 열풍이라고 하나 싶은 생각이 들었지요. 하지만 곰곰이 생각해 보니 우리 식탁에서 전통 음식이 어느새 서서히 줄어들고 있었던 것은 사실인 것 같더군요. 이곳 시골에서야 아직도 매운 찌개니 장아찌, 나물 등을 꼭 올려놓고 밥을 먹지만 도시에서는 인스턴트 음식이나 서양 음식을 많이 먹는 것 같아요. 특히 아이들의 경우는 입에만 달게 붙는 음식에 익숙해져 소아 비만까지 문제가 된다는 이야기를 들었습니다.

예전부터 우리네 밥상에 오르던 그 식단대로 따르면 몸에도 좋고 맛도 있는데, 어쩌다 식생활이 이렇게 변했는지, 참 안타까운 마음이 듭니다. 그래서 '레드푸드 열풍, 매운 요리 열풍 많이

힘 펄펄 나는 매운맛 이야기

많이 불어라' 기도하기도 했습니다. 그러면 고추장 민속마을에도 손님이 더 많이 찾아오시겠지요? 사실 몇 년째 이어오는 불황의 늪은 고추장 민속마을이라고 예외가 아니랍니다. 저도 요즘은 멀거니 하늘만 바라보며 고추장이나 장아찌를 좋아하는 손님이 찾아들기를 기다리는 날이 간혹 있거든요. 그런데 매운 음식에 대한 인식이 확산되면서 찾아오시는 분들이 점점 많아지니 얼마나 반가운지 모르겠습니다.

몇 년전 지구촌을 위협한 사스라는 질병이 우리나라를 비켜 간 것도 매운 것을 즐기는 우리의 식습관 덕분이라는 분석도 있었지요. 중국 사람들이 우리의 김치를 지극 정성으로 챙겨 먹기 시작한 게 사스를 예방하기 위한 것이었다는 세태 분석도 있었고요. 이런 이야기를 들을 때마다 저는 제가 만들고 있는 고추장과 고추장 장아찌에 대해 한없는 자부심을 느낍니다. 무시무시한 질병도 물리치는 힘을 매운 고추가 갖고 있다니, 이처럼 보람된 일이 어디 있을까 싶습니다.

매운 음식을 좋아하는 사람은 모험심이 강하다!
물론 이런 레드푸드 열풍이 불기 전에도 미국 암 연구소는 '색깔 있는 과일과 채소를 자주 먹으면 항암제가 따로 필요 없다'며 암 예방을 위해 하루 다섯 번 이상 과일과 채소를 먹으라고 권했더군요. 그들의 권유 중에서 특히 제 눈을 사로잡는 것이 있었습니다.

적자주색과 빨간색 음식을 먹으라는 것이었지요. 이것들은 늘 제가 만드는 고추장 장아찌나 찹쌀 고추장과도 같은 빛깔이잖아요. 적자주색과 빨간색 음식에는 다음과 같은 효과가 있다고 하네요.

● **적자주색** = 적포도, 블루베리, 자두, 체리, 홍고추, 가지 등에 풍부한 안토시아닌은 심장질환과 뇌졸중에 탁월한 효과가 있다.

● **빨간색** = 토마토, 구아바, 수박 등의 붉은 색소에는 라이코펜이 풍부한데, 폐 기능 향상에 효과가 뛰어나다.

매운맛을 즐기는 사람들은 모험심이 강하다고 하더군요. 그만큼 자신이 하는 일에 대해 열정이 강하다고 바꿔 말할 수도 있겠지요. 사실 저를 비춰 봐도 그렇습니다.

큰딸을 낳고 난 후에 고추장 만들어 파는 일을 시작해서 밑으로 내리 딸만 셋을 낳아서 키우면서도 고추장 담그고, 메주 쑤고, 장아찌 담그는 일을 힘이 펄펄 나서 했으니까요. 그런 면에서는 저도 현실의 두려움보다는 미래에 다가올 모험을 더 즐기는 편이라고 말할 수 있겠지요.

사람이 혀로 느끼는 미각은 네 가지라고 하더군요. 기본이 되는 미각은 크게 단맛, 쓴맛, 짠맛, 신맛뿐이라고 합니다. 혀에서 맛을 느끼는 부위는 단맛의 경우 혀의 앞쪽, 쓴맛은 혀의 뒷부분, 신맛은 혀의 옆 부분, 짠맛은 혀끝과 옆 부분에서 느낀다고 해요. 제가 즐기는 매운맛은 실제로는 미각에 속하지 않으며 이것은 자극에 의한 일종의 통증이라고 하더군요.

이런 까닭인지 땀 뻘뻘 흘리면서 매운맛 음식을 먹고 나면 정신이 맑아지면서 기운이 난다는 분들을 많이 보았습니다. 저희 집 항아리 속에 들어 있는 고추장 맛을 한 입 보시고는 '맵다'는 표현을 쓰기보다 '정신이 번쩍 난다', '기운이 돈다'는 표현을 하시는 분들이 많거든요.

매운 고추의 다양한 약리 효과

양념으로만 인식되는 고추에도 약리 효과가 있다고 합니다. 통증을 물리치는 진통 작용 등의 여러 효과가 있는 건강 식품이라는 것이지요. 이런 까닭에 우리나라에서도 많은 교수님들이 고추를 진통제로 이용하려는 연구를 하고 계신다고 합니다.

서울대학교 약학대학의 서영준 교수님은 "고추의 캅사이신이 항산화, 항염증 작용 외에도 조직의 산화적 손상을 보호하고 종양 촉진을 억제하며, 암세

포의 자살을 유도하는 작용을 나타낸다"는 연구 발표를 한 바 있고, 태평양 기술연구원의 박영호 연구원께서는 "캅사이신을 국소 또는 전신에 투여했을 때 지속적인 진통 효과가 나타나며 다른 화학 물질에 의한 통증 자극까지 느끼지 못하게 되는데, 이는 감각 신경에서 통증을 전달하는 신경 전달 물질이 캅사이신 자극으로 방출된 후 재생산이 되지 않아 장기간 진통 작용이 나타나는 것이다"는 연구 내용을 발표했습니다.

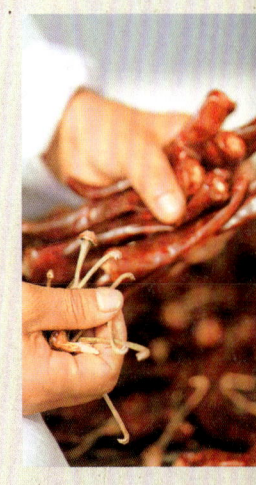

부산대학교 식품영양학과 박건영 교수님은 "인체 위암 세포를 이용한 실험 결과 숙성된 고추장의 경우 높은 암 예방 효과가 입증됐으며, 항비만 효과를 측정하기 위한 쥐 실험 결과에서도 체중 및 지방 조직 감소 효과 외에 총 지질과 총 콜레스테롤 수치 저하의 효과를 나타냈다"는 연구 결과를 밝히기도 했더군요.

고추에는 특히 여성들의 눈이 크게 떠질 만한 효능이 있다고 합니다. 바로 다이어트 효과지요. 매운 음식을 많이 먹으면 살이 빠진다고 합니다. 영국 옥스퍼드 과학기술원의 연구원들이 12명의 지원자에게 실험해 본 결과, 고추 같은 매운 음식을 먹으면 인체의 신진 대사율이 25% 정도 증가하여 3시간 동안 열량을 45칼로리나 더 소비하였다고 하더군요.

꼭 이런 이유가 아니더라도 저는 매운맛을 즐기는 분들이 많아지면 참 좋겠다는 생각을 합니다. 요즘처럼 경제적으로 어려운 시절일수록 한 입 먹으면 입안이 얼얼해지면서 등줄기와 이마에 절로 땀이 솟아나는 알싸한 매운맛을 즐기면서 활력을 찾으면 좋을 것이라는 생각입니다. 기운이 샘솟는다면 생활고로 일가족이 귀한 목숨을 스스로 버리는 안타까운 뉴스를 접할 일이 없어질 테니까요. 스스로 목숨을 버릴 그 용기로 세상 사는 일에 매달린다면 해내지 못할 일이 과연 있을까요?

기운 펄펄 나는 매운맛 행복 밥상 요리로 우리나라 사람 누구든 힘차게 자신이 하는 분야에서 최선을 다해서 살아가는 분이 늘어난다면 저는 언제든 '매운맛 전도사'로 나설 각오가 되어 있습니다.

매운맛이 좋다!
두 번째

고추장 장인이 들려 준

고추장은 영양 많은 전통 음식

고추장은 영양 만점인 우리네 전통 음식입니다. 고춧가루에 찹쌀이나 보리, 멥쌀, 밀가루 등을 섞어서 발효를 시킨 고추장은 간장이나 된장 못지않은 많은 영양분을 가지고 있지요. 고추장을 과학적으로 분석한 바에 따르면 단백질, 지방, 비타민 B_2, 비타민 C, 카로틴 등과 같은 몸에 좋은 영양 성분이 많이 들어 있습니다.

조선시대에 궁중 진상 식품으로 명성을 얻은 순창 고추장은 다른 곳에서 만든 고추장과는 다르게 검붉은 색깔에 은은한 향기, 달콤하면서도 알싸한 맛을 지녀 지금도 많은 분들로부터 사랑을 받고 있습니다.

순창 고추장이 이렇게 명성을 얻게 된 데는 깨끗한 섬진강 상류의 오염되지 않은 지하 암반수와 햇볕에 잘 건조해 말린 태양초 고추, 고추장 메주의 효모균 번식에 좋은 기후 조건 등을 골고루 갖추고 있기 때문입니다. 군청에서도 엄격한 품질 관리를 위해 군수 품질인증제와 고추장 제품 연구실을 운영하면서 질 좋은 고추장을 생산하기 위해 끊임없이 연구, 노력을 하고 있지요. 제가 만들고 있는 고추장이나 장아찌도 물론 전통 식품 제조 기능인들이 직접 만드는 것이며, 품질 인증을 받지 않고는 판매할 수 없답니다.

여름에 띄우는 고추장 메주

순창 고추장은 8월 처서 전후에 고추장 메주를 띄워 동지 섣달에 고추장을 담그는 것이 특징입니다. 다른 지방에서는 음력 10월에 메주를 쑤지만 순창에서는 여름철에 고추장용 메주를 별도로 만들어요. 이유는 고추장의 단맛을 내는 곰팡이가 온도가 높을수록 많이 번식하기 때문입니다. 또 이렇게 해서 고추장을 겨울에 담그면 당화 속도가 느려질 뿐만 아니라, 유산균의 번식이 더디어 신맛이 나지 않고 알싸하면서도 단맛이 나게 됩니다.

매운맛의 절정 고추장 이야기

순창 고추장은 감칠맛을 내는 아미노산인 글루탐산, 아스파틱산이 매우 많습니다. 반면에 쓴맛이 나는 아미노산인 이소루신, 루신, 히스티딘, 아루티딘, 아르기닌 등은 적게 들어 있는 편이라고 하더군요.
고추장을 만들 때 넣는 메주는 고추장의 깊은 맛을 내는 데 중요한 역할을 합니다. 그래서 저 같은 제조 기능인들은 좋은 메주를 띄우기 위해 늘 신경을 씁니다. 좋은 고추장 메주는 겉이 말라 있고 색깔이 노르스름하며 눌러 보았을 때 약간 말랑말랑해야 합니다. 메주의 속도 중요한데, 반으로 쪼갰을 때 안이 검붉게 보이고 겉에 핀 곰팡이는 흰색 또는 노란색이 나도록 메주를 띄워야 하지요.

전통 항아리에 담는 찹쌀고추장
고추장은 주로 겨울에 담게 되는데, 고추장 쑤는 날은 늘 긴장을 합니다. 1년 농사를 결정짓는 가장 중요한 행사이기 때문이죠. 곱게 말린 태양초를 잘 손질해서 밀가루처럼 곱게 빻아 두는 일부터 시작해서, 찹쌀 불려 밥짓는 일, 엿기름 만드는 일 등 그 어느 것 하나 공이 들어가지 않는 일이 없습니다.
고추장은 녹말의 가수분해로 만들어진 당의 단맛과 메주콩의 가수분해로 만들어진 아미노산의 구수한 맛, 고춧가루의 매운맛, 소금의 짠맛이 잘 조화되어야 한다고 합니다. 그 중 하나라도 비율이 달라지면 고추장의 맛이 달라진다고 해요. 그래서 저는 늘 일정한 손맛을 내기 위해서 기도하는 마음으로 고추장을 담근답니다.
공들여 담근 고추장은 숨쉬는 전통 옹기 항아리에 담아서 숙성 발효를 시킵니다. 앞서 말했듯 겨울에 고추장을 담그는 이유는 당화 속도와 유산균 번식 속도를 늦춰서 알싸하면서도 달콤한 맛을 내기 위해서죠. 따라서 가능하면 전통 항아리도 주둥이가 넓어서 햇빛을 많이 쬘 수 있는 것을 고르는 지혜가 필요합니다. 발효 식품은 햇볕을 많이 쬘수록 맛이 깊어지기 때문이죠.
고추장 민속마을을 찾은 손님들 중에서는 항아리에 흰색 보자기가 씌워져 있는 것을 신기하게 생각하시는 분들이 많습니다. 고추장 항아리에 흰색 보자기를 씌우는 이유는 공기를 잘 통하게 하면서 동시에 항아리 속에 스며 있는 수분을 빨아들일 수 있도록 하기 위해서입니다.

항아리에 고추장을 담을 때도 요령이 필요합니다.
주둥이 끝까지 고추장을 채웠다가는 발효되는 과정에서 고추장이 넘칠 수 있으므로 항아리의 80% 정도만 채워야 합니다. 또 고추장이 발효되면서 곰팡이가 생길 수도 있으므로 새로 담근 고추장이 어느 정도 마르면 굵은 소금을 두텁게 채워 줘야 하죠.

순창 전통 고추장은 이렇게 전통 옹기 속에서 들숨 날숨을 쉬면서 1년 동안 깊은 맛을 내기 위한 긴 여행을 떠나게 된답니다.

순창 전통 고추장 만들기

준비할 재료
찹쌀 1kg, 고춧가루 1.5kg, 메줏가루 400g, 소금 500g, 엿기름 300g, 간장 50g

이렇게 만드세요
1 **찹쌀 씻기** 준비한 분량의 찹쌀을 깨끗하게 씻어 24시간 이상 불린다.
2 **찹쌀 밥 짓기** 불린 찹쌀에 물 3.6리터를 붓고 밥을 질척하게 짓는다.
3 **엿기름 물 만들기** 엿기름을 물과 섞은 다음 고운 체나 면 보자기에 밭쳐 물을 받는다. 이것을 한소끔 끓여 엿기름 물을 만들어 놓는다.
4 **메줏가루 섞기** 질척하게 지은 밥에 메줏가루를 넣고 잘 섞는다.
5 **간장 섞기** 메줏가루를 넣은 밥에 간장을 넣어 고루 섞는다.
6 **소금 넣기** ⑤에 소금을 넣어 녹을 때까지 잘 섞는다.
7 **고춧가루 넣기** ⑥에 고춧가루를 넣고 잘 치대며 고루 섞는다.
8 **마무리하기** ⑦에 엿기름 물을 넣고 잘 저어 고추장을 완성한다.

고추장 메주 만들기

준비할 재료
콩 6kg, 멥쌀 4kg

이렇게 만드세요
1 **콩과 쌀 불리기** 콩을 잘 골라서 3시간 정도 불린다. 쌀도 잘 씻어서 6시간 정도 불려 놓는다.
2 **콩과 쌀 갈기** 불린 콩과 쌀의 물기를 뺀 다음 잘 간다.
3 **콩과 쌀 찌기** 잘 혼합한 콩과 쌀을 1시간 30분 정도 찐다.
4 **메주 띄우기** 둥글둥글하게 도넛 모양으로 만들어 짚으로 싸서 그늘진 곳에 걸어 메주를 띄운다.
5 **메주 만들기** 한 달 정도 메주를 띄워 놓았다가 꺼내어 3~4일 정도 완전 건조한 후 곱게 간다.

순창 전통 고추장의 종류

찹쌀고추장 찹쌀을 주원료로 엿기름과 메줏가루, 고춧가루 등을 넣고 버무려 소금으로 간하여 담근다.

멥쌀고추장 메줏가루와 고춧가루라는 기본적인 재료와 찹쌀을 섞어 만든 찹쌀고추장에 멥쌀을 더하여 섞어 담근다.

수수고추장 소금물과 수숫가루로 죽을 쑤고 여기에 메줏가루, 엿기름, 고춧가루를 섞은 후 소금으로 간을 하여 담근다.

마늘고추장 찹쌀가루, 마늘 다진 것, 누룩, 고춧가루를 넣어 담근다.

밀가루고추장 밀가루를 엿기름 물에 풀어 두었다가 불에 올려 노릇하고 맑게 될 때까지 잘 달인 후 메줏가루, 고춧가루, 소금을 넣어 담근다.

매콤해서 더 맛있고 행복하다!

별미요리

PART 1

매콤 달콤한 고추장. 고추장 하나만 있어도 많은 요리를 상에 올릴 수 있습니다.
고춧가루와 더불어 우리네 음식에 가장 많이 사용하는 양념이 고추장이니까요.
필수 양념 고추장으로 요리 솜씨를 한껏 뽐내는 별미 요리를 만들어 보는 것은 어떨까요?
어른 아이 할 것 없이 모두 좋아하는 맛깔스런 고추장 별미 요리.
쉽게 만들 수 있어 더욱 좋아요.

요리 재료는 4인분 기준입니다.

쿠킹센스 1
고기 요리는 밑간을 꼭 하세요

고기 요리는 밑간을 하는 것이 중요해요. 밑간을 하지 않은 채 조리를 하게 되면 고기 누린내가 가시지 않아 음식의 맛을 떨어뜨리기 쉽거든요. 애써 만든 요리의 맛을 떨어뜨리고 싶지 않으려면 고기를 청주나 포도주, 매실주 등에 살짝 담가 놓는 것이 좋아요. 쇠고기와 돼지고기는 생강, 술, 간장으로 밑간을 합니다. 닭고기는 소금, 생강즙, 술로 밑간을 하면 누린내와 잡 냄새가 사라진답니다.

쿠킹센스 2
고기를 구울 때는 빨리, 국물을 낼 때는 서서히 조리하세요

똑같은 고기로 요리를 해도 어떤 사람의 요리는 맛있고, 어떤 사람의 음식은 맛이 덜합니다. 비밀은 조리법입니다. 조리 시간이나 방법이 달라지면 음식이 더 맛있어진답니다. 불고기나 다진 고기 등을 볶거나 구울 때는 강한 불에서 빠르게 익히는 게 좋습니다. 고기의 표면이 빨리 굳어져 맛있는 육즙이 흘러나오지 않거든요. 고기를 구워 먹을 때도 강한 불에서 타지 않도록 빠르게 요리를 하는 게 좋지요. 국물을 낼 때는 은근한 불에서 오래도록 끓이면 고기의 육즙이 국물에 배어들어 국물 맛이 좋아집니다.

매콤한 고추장 별미 요리…
더 맛있게 만드는 비법

고추장은 깊은 맛이 나는 게 특징입니다. 요리 양념으로 넣으려면 매콤 달콤한 고추장의 특성을 잘 살려 내는 게 중요합니다. 저는 고추장 별미 요리 중에서 육회를 으뜸이라고 생각해요. 고기와 고추장의 맛이 잘 어우러지거든요. 고추장으로 입맛 사로잡는 별미 요리를 만드는 것은 어려운 일이 아니랍니다. 전라도 말로 '입 안에서 착착 앵기는' 그런 고추장 별미 요리를 만드는 조리법, 지금 귀띔해 드릴게요.

쿠킹센스 3

고기 요리에는 생강즙과 배즙을 꼭 넣으세요

불고기를 재우거나 양념 구이용 고기를 재울 때는 고추장, 고춧가루, 다진 마늘, 간장, 다진 파 등의 갖은 양념이 골고루 잘 배어 들어가야 맛이 있습니다. 또 고기의 누린내를 없애 주는 생강즙과 고기를 부드럽게 해 주는 배즙을 넣는 것도 잊지 않아야 해요. 또 하나, 고기 볶음을 할 때는 버섯을 듬뿍 넣고 잘 버무렸다가 조리를 하세요. 향과 맛이 아주 좋아진답니다.

쿠킹센스 4

밀가루 요리에는 콩가루나 쌀가루를 섞으세요

가끔은 밀가루로 만든 음식이 입에 당길 때가 있습니다. 고추장 별미 요리 역시 마찬가지지요. 때로는 고기 요리가 아닌 국수나 장떡 종류가 더 먹고 싶어질 때가 있습니다. 밀가루로 요리를 할 때 그냥 밀가루만 쓰기 보다 반죽에 콩가루나 멥쌀가루를 섞어 보세요. 맛은 물론 영양가도 높아지지요. 밀가루 4컵 분량을 요리한다고 할 때 콩가루는 ½컵, 멥쌀가루는 1컵 정도 섞어서 반죽을 하면 반죽이 쫄깃해지면서 맛이 구수해진답니다.

쫀득쫀득 색다른 갈비맛!
매운쇠갈비찜

간장에 양념한 달콤하고 부드러운 맛, 일반적인 갈비찜 맛이죠. 때로는 익숙한 맛에서 벗어나 입맛에 변화를 주는 것도 좋지요. 갈비 양념을 할 때 고추장을 적당히 넣으면 매콤 달콤 화끈한 맛이 입맛을 돌게 해요. 색다른 맛의 즐거움을 느껴 보고 싶을 때 매운 쇠갈비찜 요리는 가족들을 기쁘게 해 준답니다.

: : 준비할 재료
쇠갈비(암소 갈비) 2근, 무 ½개, 당근 1개, 밤 10개

양념장
국간장 2큰술, 간장 2큰술, 고추장 2큰술, 고춧가루 3큰술, 설탕 4큰술, 청주 2큰술, 참기름 2큰술, 다진 마늘 2큰술, 다진 파 2큰술, 깨소금 2큰술, 후춧가루 약간

: : 이렇게 만드세요

1. **갈비 손질하기** 갈비는 먹기 좋은 크기로 토막낸 것을 구입한다. 기름기가 많은 부분은 떼어내고 1cm 정도의 간격으로 가로, 세로 칼집을 넣은 다음 찬물에 2~3시간 담가 핏물을 뺀다.
2. **양념장 만들기** 준비한 분량의 양념을 한데 섞어 양념장을 만든다.
3. **갈비 끓이기** 냄비나 압력솥에 갈비를 넣은 뒤 물 2~3컵을 붓고 갈비가 익을 때까지 끓인다.
4. **양념장 넣어 찜 하기** 갈비가 적당히 익었으면 큼직하게 토막낸 무를 넣고 준비한 양념장과 밤, 당근을 넣는다. 불을 약하게 하여 국물이 졸아들도록 은근히 졸인다. 국물이 거의 졸아들면 간을 본다. 싱거우면 소금으로 간을 더한다.
5. **센 불에서 뒤집기** 밤이 거의 익었으면 냄비 뚜껑이나 압력솥 뚜껑을 열고 불을 세게 하여 아래 위를 뒤적이면서 윤기가 돌도록 잘 조린다.
6. **그릇에 담기** 오목한 그릇에 완성된 갈비찜을 예쁘게 담는다. 무와 밤이나 당근 등을 올려 먹음직스럽게 한다. 모양을 더 내고 싶다면 달걀 지단을 흰자와 노른자로 따로 부쳐서 얇게 채 썬 다음 고명으로 얹는다.

★ 압력솥을 이용하면 고기가 부드러워져요

갈비찜은 자칫하면 고기가 너무 질겨져서 맛이 떨어지기 쉽습니다. 갈비찜을 할 때는 압력솥을 이용하면 좋아요. 압력솥 뚜껑을 완전히 닫으면 고기가 흐물흐물 물러질 수도 있으니 뚜껑을 너무 꽉 닫지 않도록 하세요. 이렇게 요리를 하면 쫄깃쫄깃하면서도 맛깔스런 찜 요리가 된답니다.

고소하고 매콤해 더 맛깔스럽다
고추장돼지불고기

우리나라 사람들이 가장 많이 먹는 고기가 돼지고기라죠. 저도 돼지고기를 좋아해요. 마당 넓은 시골에 사는 저는 손님이 찾아오면 고추장 돼지불고기를 자주 만들지요. 갖은 양념을 넣어 무친 돼지삼겹살을 석쇠에 올려 숯불에 구우면 소리부터 먹음직스러워요. 지글지글 석쇠에서 떨어지는 고기 양념이 절로 침을 삼키게 만들어요.

:: 준비할 재료
돼지고기 400g, 풋고추 2개, 홍고추 · 양파 1개씩, 대파 ½뿌리, 쪽파 2뿌리
깻잎 12장, 상추 50g, 소금 · 후춧가루 약간씩

> **양념장》**
> 고추장 2큰술, 고춧가루 · 간장 1큰술씩, 조미술 ½큰술, 다진 마늘 · 다진 생강 · 후춧가루 · 깨 · 참기름 약간씩

:: 이렇게 만드세요

1. **돼지고기 밑간하기** 돼지고기는 등심이나 삼겹살로 준비한 다음 얄팍하게 저민다. 먹기 좋은 크기로 썰어 소금과 후춧가루로 밑간을 해둔다.
2. **채소 준비하기** 풋고추와 홍고추는 어슷썰기한 후 찬물에 헹궈 씨를 빼 둔다. 양파는 채 썰고, 대파는 송송 썬다. 대파의 미끈거리는 진은 찬물에 살짝 헹구면 없어진다.
3. **양념장 만들기** 고추장과 고춧가루, 간장 등 준비한 양념을 분량대로 한데 섞어 양념장을 만든다.
4. **고기 무치기** 준비한 양념장에 밑간해둔 돼지고기를 넣어 골고루 간이 배어들도록 조물조물 무친다. 무친 상태에서 30분 정도 재우면 양념장이 골고루 배어든다. 준비한 채소를 넣어 고루 섞는다.
5. **고기 굽기** 석쇠에 고기를 얹고 숯불 위에서 번갈아 잘 뒤집어가면서 고기를 익힌다. 숯불로 굽기가 어려우면 프라이팬에 식용유를 약간 두른 다음 굽는다.
6. **접시에 담기** 접시 바닥에 상추를 한 잎 깔고, 고기를 얹는다. 깻잎과 상추를 곁들이로 함께 담아 낸다.

☆ 돼지고기 요리에는 파를 꼭 넣으세요

매콤하고 쌉쌀한 파는 돼지고기와 궁합이 잘 맞아요. 돼지고기 요리에 파를 넣으면 칼칼하고 개운한 뒷맛이 나거든요. 파는 몸을 따뜻하게 해주고 위장의 기능을 원활하게 하는 기능이 있습니다. 기름기가 많아서 느끼해지기 쉬운 돼지고기 요리에는 파 넣는 것을 잊지 마세요.

입안에서 사르르 녹는다
육회

갑자기 손님이 찾아오면 마땅히 대접할 음식이 없어서 고민스러울 때가 많습니다. 이런 날이면 읍내에 나가 쇠고기를 육회감으로 한 근 떠옵니다. 곱게 채 썬 쇠고기에 고추장과 참기름 등을 넣고 조물조물 무치면 맛난 별미 육회 요리가 완성되거든요. 웃기로 얹는 배 대신 상추를 한 잎 깔아도 얌전한 상차림이 됩니다.

: : 준비할 재료
쇠고기(홍두깨살이나 채끝살) 600g, 배 1개, 잣가루 1작은술

> **양념장》**
> 고추장 3큰술, 설탕 3½큰술, 다진 마늘 1큰술,
> 참기름 1큰술, 후춧가루 · 깨소금 약간씩

: : 이렇게 만드세요

1. **쇠고기 채 썰기** 쇠고기는 기름기가 없고 연한 홍두깨살이나 채끝살로 준비한다. 살코기를 얇게 져며 결과 반대 방향으로 0.3cm 두께로 채 썬다.
2. **배 채 썰기** 배는 껍질을 벗겨 얌전하게 채 썬다. 배는 미리 썰어 놓으면 갈변할 수 있으므로 색이 변하지 않도록 설탕물에 담가 둔다.
3. **양념장 만들기** 분량의 재료를 넣고 고루 섞어 양념장을 만든다.
4. **육회 무치기** 준비한 양념장에 채 썬 쇠고기를 골고루 무친다.
5. **접시에 담기** 접시에 채 썬 배를 가지런히 돌려 담고 그 위에 육회를 얌전히 얹는다. 육회 위에 잣가루를 살살 뿌려 낸다.

☆ 육회 더 맛있게 무치려면

육회를 무칠 때 기호에 따라 고추장 양을 늘리거나 설탕 대신 꿀을 넣어도 감칠맛이 납니다. 육회용 고기는 홍두깨살로 준비해 결과 반대 방향으로 가늘게 채 써는 게 좋습니다. 채 썬 다음에는 곧바로 무쳐야 육즙이 흘러나오지 않아 요리가 깔끔해지지요. 먹다 남은 육회는 시금치나물이나 무생채를 넣고 함께 비벼 육회 비빔밥을 해 먹어도 맛이 일품입니다. 프라이팬을 달구어 육회를 살짝 볶으면 매운 고추장 쇠고기볶음이 됩니다.

상큼하게 녹는 감칠 맛
육회비빔밥

야들야들 사르르 녹는 육회에
콩나물과 시금치나물을 넣고
쓱쓱 비비면 그 어떤 요리도
부럽지 않습니다.
달걀 노른자의 고소한 맛과
채소의 향긋한 맛이
떨어진 입맛을 단박에
살려준답니다.
입맛이 떨어져 기운 없어 하는
가족이 있을 때는 사르르 녹는
감칠 맛을 선물하세요.

:: 준비할 재료
밥 4공기, 콩나물 200g, 시금치 120g, 무 150g, 쇠고기(홍두깨살이나 채끝살) 300g, 달걀노른자 4개, 고추장 4큰술, 간장·깨소금·참기름·식초·고춧가루·설탕 약간씩

> 양념장》
> 고추장 1큰술, 다진 마늘 1큰술, 참기름·설탕 2작은술씩

:: 이렇게 만드세요
1. **밥짓기** 쌀을 씻은 후 불리지 않고 불에 올려 밥을 고슬하게 짓는다.
2. **나물 손질하기** 콩나물과 시금치를 잘 다듬어 데친 다음 간장, 깨소금, 참기름을 넣고 무친다.
3. **무채 만들기** 무를 곱게 채 썬 다음 식초와 고춧가루, 설탕을 넣고 무쳐 무채나물을 만든다.
4. **쇠고기 채 썰기** 기름기가 없고 연한 살코기를 얇게 저며 결과 반대 방향으로 0.3cm 두께로 채 썬다.
5. **육회 무치기** 육회 무침 양념을 고루 섞어 준비한 쇠고기를 조물조물 무친다.
6. **그릇에 담기** 고슬고슬 잘 지어진 밥을 그릇에 알맞게 담고, 준비한 나물과 무채를 보기 좋게 돌려 담은 뒤 고추장을 올린다. 육회를 가운데 얹고 달걀은 노른자만 분리해 먹음직스럽게 얹는다.

보너스 요리

미나리낙지무침

준비할 재료
낙지 2마리, 미나리 80g, 홍고추 ½개
양념장(고추장·양파즙 2큰술씩, 설탕·마늘채 ½큰술씩, 생강채 1작은술, 소금 적당량)

이렇게 만드세요
1. **낙지 손질하기** 낙지는 머리를 반으로 갈라 내장을 빼낸다. 소금을 뿌려 바락바락 주물러 잡냄새를 없앤 다음 물에 씻는다.
2. **낙지 데치기** 손질한 낙지를 끓는 물에 넣고 살짝 데친 뒤 3cm 길이로 잘라 냉장고에 넣어 차게 식힌다. 낙지는 오래 데치면 질겨지므로 익으면 바로 건진다.
3. **채소 다듬기** 미나리는 연한 줄기로 골라 잎을 떼고 다듬어 3cm 길이로 썬다. 홍고추도 씨를 빼고 3cm 길이로 채 썬다.
4. **양념장 만들기** 고추장에 물 1큰술과 설탕, 마늘채, 생강채를 넣고 양파즙을 짜 넣어 매콤 새콤한 양념장을 만든다.
5. **그릇에 담기** 차게 해둔 낙지와 미나리를 섞어 접시에 담고 양념장을 뿌린 뒤 채 썬 홍고추를 얹어 상에 낸다.

무채어리굴젓

준비할 재료
굴 300g, 무 150g, 밤 5개, 고춧가루 5큰술, 간장 1큰술, 대파 1뿌리, 다진 마늘 2큰술, 다진 생강 ¼작은술, 소금 약간

이렇게 만드세요
1. **굴 씻기** 굴은 체에 담아 연한 소금물에 살살 흔들어 씻은 후 물기를 뺀다.
2. **무 썰기** 무는 얇게 채 썰고 소금에 살짝 절여 물기를 뺀다. 밤도 껍질을 벗겨 채 썬다.
3. **고춧가루 불리기** 고춧가루에 물 2큰술과 간장을 넣고 개어 불린다.
4. **고춧가루 버무리기** 불린 고춧가루의 반은 굴에 버무려 색이 나도록 하고 나머지 반은 무채와 밤채에 넣어 함께 버무린다.
5. **마무리** 굴과 무채, 밤채에 대파 송송 썬 것, 마늘, 생강을 넣고 버무려 소금으로 간한다.

지글지글 굽는 소리부터 맛있어요
LA갈비구이

LA갈비를 이따금 먹습니다. 처음엔 수입산이라서 왠지 거부감이 들었지만 이젠 오히려 갈비찜보다도 LA갈비를 먹는 때가 더 많아질 정도가 되었어요. 지글지글 갈비가 익어 가는 소리를 듣고 있으면 절로 군침이 넘어가거든요. LA갈비에도 고추장을 넣으면 맛이 확 달라집니다. 매콤한 맛이 그리울 때 한번 해보세요.

:: 준비할 재료
LA갈비 1kg, 배즙 1큰술, 설탕 1큰술, 청주 약간, 양파 1개, 당근 1개

양념장》
고추장 1큰술, 간장 2큰술, 물 ⅓컵, 참기름 1큰술, 다진 마늘 1큰술, 후춧가루 1작은술, 양파즙 2큰술, 청주 1큰술, 설탕 1큰술

:: 이렇게 만드세요

1. **갈비 손질하기** LA 갈비의 살 부분을 고기 망치나 칼등으로 두들겨 고기를 연하게 한다.
2. **갈비 밑간하기** 손질한 갈비에 배즙, 설탕, 청주 등을 넣어 잘 버무린 다음 반나절 정도 냉장고에 넣어 둔다.
3. **양념장에 재우기** 준비한 양념장 재료를 골고루 넣어 잘 섞어 양념장을 만든다. 밑간한 LA갈비를 양념장에 넣고 골고루 버무려 2~3시간 정도 재워 둔다.
4. **채소 준비하기** 당근과 양파를 굵직굵직하게 썰어 기름에 볶는다.
5. **갈비 굽기** 오븐이나 프라이팬에 재워 놓은 갈비를 올려 잘 굽는다. 너무 여러 번 뒤집으면 고기의 육즙이 빠져나가서 맛이 없어지므로 주의한다.
6. **담아 내기** 구운 갈비를 접시에 담는다. 준비한 채소를 함께 곁들여 먹음직스럽게 꾸민다.

★ 갈비구이를 맛있게 하려면

갈비구이를 맛있게 하려면 뭐니 뭐니 해도 양념이 잘 배어들어야 한답니다. 양념을 골고루 잘 배게 하기 위해서는 본 양념을 하기 전에 배즙, 설탕, 청주 등으로 미리 밑간을 해서 반나절 정도 재워 두는 게 좋습니다. 이렇게 하면 고기 맛도 좋아지고, 육질도 훨씬 부드러워지지요. 또 갈비를 구울 때는 프라이팬이나 석쇠에 기름을 조금 두르고 미리 달군 다음 굽도록 하세요. 고기가 눌어붙지 않아서 깔끔하게 상에 올릴 수 있답니다.

매콤 쫄깃한 씹는 맛이 일품
고추장더덕구이

가을철이 되면 저는 장아찌 담글 준비를 하느라 바빠집니다. 산더미처럼 쌓인 더덕의 껍질을 벗기다 보면 쌉싸래한 더덕 향이 코를 자극하지요. 이럴 때 더덕 한 움큼 집어 더덕구이를 만들어 저녁상을 차립니다. 고추장과 더덕이 만나면 매콤 쌉싸래한 맛이 일품인 밥맛 돋게 하는 맛있는 요리가 되거든요.

:: 준비할 재료
더덕 100g, 참기름 1큰술, 간장 1작은술, 소금 약간

> **양념장》**
> 고추장 2큰술, 물엿 1큰술, 다진 파 2큰술, 다진 마늘 1큰술, 깨소금 1작은술, 설탕 2작은술, 참기름 2작은술

:: 이렇게 만드세요
1. **더덕 손질하기** 껍질을 벗긴 더덕을 마른 행주에 싸서 꼭꼭 눌러 물기를 걷어낸 다음, 칼등으로 살살 두드려 펴 준다.
2. **애벌 굽기** 물기를 없앤 더덕을 참기름과 간장을 섞은 기름장에 10분쯤 재워 두었다가 석쇠에 알루미늄 포일을 깔고 앞뒤로 애벌 굽는다.
3. **양념장 만들기** 고추장에 물엿, 다진 파, 다진 마늘, 깨소금, 설탕, 참기름을 분량대로 넣고 잘 섞어서 양념 고추장을 만든다.
4. **양념장 발라 굽기** 기름장을 발라 애벌 구운 더덕에 준비한 양념 고추장을 앞뒤로 고루 발라 굽는다. 불이 세면 양념이 타서 쓴맛이 나기 쉬우므로 약한 불에서 서서히 굽도록 한다.

★ **불에 살짝 구우면 껍질이 잘 벗겨져요**
더덕은 두들길 때 부서지기 쉬운데 그렇게 되면 볼품이 없어져요. 잠시 소금물에 담가 두면 쓴맛도 우러나고 두들길 때 덜 부서지는 효과도 있지요. 또 더덕 껍질을 벗길 때 손에 진이 엉겨 애를 먹기도 하는데 이때 더덕을 불에 살짝 구어 껍질을 벗기면 더덕의 진이 더덕 속으로 스며들어 깔끔하게 벗겨진답니다.

南·道·味 매운맛 행복밥상

상큼해서 입맛이 살아나요
파강회

쪽파가 많이 나는 계절이면 저는 끓는 물에 파를 살짝 데쳐서 돌돌 말아 초고추장에 찍어 먹습니다. 한 입 크기로 먹기 좋게 돌돌 만 파강회는 아삭거리면서 상큼한 맛이 입맛을 살려줍니다. 파강회는 갑자기 술손님이 찾아오면 금세 준비하는 안주거리가 되기도 합니다. 별식이 그렇게 특별한 것은 아니지요. 잠깐 손만 놀리면 맛난 별식이 완성됩니다.

:: 준비할 재료
쪽파 200g, 소금 약간, 초고추장

> **초고추장》**
> 고추장 3큰술, 식초 2큰술, 설탕 또는 물엿 1큰술,
> 쪽파 1뿌리, 통깨 1작은술

:: 이렇게 만드세요
1. **파 다듬기** 파는 대가 가는 쪽파로 골라서 잘 다듬은 후 깨끗이 씻어 놓는다.
2. **파 데치기** 물을 팔팔 끓이다가 소금을 약간 넣고, 다듬어 놓은 파를 넣어 파랗게 데친 다음 건져 낸다.
3. **파 헹구기** 데친 파는 곧바로 찬물에 재빨리 헹구어 건진 다음 가지런히 놓고 물기를 빼 둔다.
4. **파 말기** 파를 보기 좋게 돌돌 말아서 접시에 예쁘게 담는다.
5. **초고추장 곁들이기** 준비한 재료를 갖은 재료를 전부 넣고 초고추장을 맛깔스럽게 만들어 곁들여 낸다.

★ **파를 파랗게 데치려면**
파는 뭐니뭐니 해도 파르스름한 색깔이 선명하게 살아나도록 데치는 것이 중요하죠. 파를 파랗게 데쳐 내려면 끓는 물에 소금을 약간 넣고 살짝 데친 후 찬물에 재빨리 헹구어 씻어 내는 게 요령이에요.

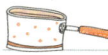

구수하면서 칼칼한 맛
고추장장떡

어쩌다 일손을 놓고 쉬는 날, 입이 궁금하거나 아이들이 뭔가 먹고 싶어할 때 특별하게 해먹을 것이 없으면 저는 밭에서 풋고추 몇 개 따고 고추장 몇 숟가락 떠 넣어 고추장 장떡을 붙이곤 한답니다. 구수하면서도 칼칼한 맛이 입맛을 살리지요.

:: 준비할 재료
밀가루(또는 찹쌀가루) 2컵, 양파 1개, 풋고추 4개, 고추장 2큰술, 국간장 1큰술, 식용유 약간, 후춧가루 약간

:: 이렇게 만드세요
1. **채소 썰기** 풋고추는 깨끗이 씻어 반을 갈라 씨를 털어 곱게 다진다. 양파는 잘게 채 썬다.
2. **반죽하기** 물 1컵에 고추장을 푼 다음 밀가루에 고추장을 푼 물을 넣고 고루 섞어 반죽한다. 반죽은 약간 묽게 하는 것이 좋다.
3. **채소 섞기** 반죽에 준비한 채소를 넣고 골고루 섞은 다음 국간장으로 간을 맞춘다.
4. **장떡 부치기** 달군 프라이팬에 기름을 넉넉하게 두르고 반죽을 한 국자씩 떠 넣어 노릇노릇하게 부친다.

☆ 깻잎을 넣으면 향기가 좋아요
고추장 장떡은 풋고추가 나는 여름철에 해먹는 떡으로 더위를 쫓아 주는 별미랍니다. 풋고추 대신 깻잎을 넣어도 맛있지요. 장떡을 부칠 때는 기름을 넉넉하게 두르고 밑면이 다 익었을 때 프라이팬을 살살 움직여 가며 뒤집어야 달라붙지 않아요.

보너스 요리

바지락회무침

준비할 재료
바지락 2컵, 미나리 ¼단, 오이 ½개, 양파 ½개, 청고추 2개, 통깨 약간
양념장(고추장 2큰술, 설탕 1큰술, 식초 4작은술, 고춧가루 2큰술, 다진 마늘 1큰술, 소금·참기름 약간)

이렇게 만드세요
1. **바지락 씻기** 바지락 살은 흐르는 물에 몇 번 흔들어 씻어 건져둔다.
2. **채소 썰기** 손질한 미나리는 4cm 길이로 썰고, 오이, 양파, 고추는 채를 썰어놓는다.
3. **양념장 만들기** 고추장에 준비한 재료를 넣어 잘 버무려 매콤 새콤한 양념장을 만든다.
4. **버무리기** 상에 올리기 전에 바지락에 양념장을 넣고 잘 버무려 그릇에 담고 통깨를 살살 뿌린다.

고추장수육

준비할 재료
돼지고기(목살)400g, 고추장 2큰술, 고춧가루 2큰술,
양념국물(양파 ¼개. 마늘 4쪽, 생강 1쪽, 대파 ½뿌리, 통후추 1작은술, 물 7컵)

이렇게 만드세요
1. **고기 삶기** 목살을 2~3조각으로 덩어리로 잘라 양념국물 재료를 넣고 20분 정도 삶는다.
2. **고기 씻기** 돼지고기를 젓가락으로 찔러보아 잘 들어가면 꺼내서 흐르는 물에 재빠르게 씻는다.
3. **고추장 넣고 끓이기** 냄비에 물 반컵을 붓고 고추장과 고춧가루를 넣어 간이 배도록 은근한 불에 15분 정도 더 끓인다. 양념이 타지 않도록 한 번씩 뒤적여준다.
4. **그릇에 담기** 고기는 뜨거울 때 꺼내서 한입 크기로 먹음직스럽게 썰어놓는다.

입안이 얼얼~ 매울수록 맛좋다
비빔국수

반찬이 마땅치 않거나, 입맛이 없을 때면 저는 국수를 자주 삶지요. 국수와 고추장 한 가지만 있으면 간단하게 식사 준비를 할 수 있거든요. 국수를 삶아서 신김치 송송 썰어 고추장으로 쓱쓱 무치기만 해도 침이 고이는 비빔국수가 완성되지요. 신김치가 없다면 고추장으로만 무쳐도 맛이 좋습니다.

: : 준비할 재료
국수(소면) 4인분, 익은 김치 ¼포기, 오이 1개, 통깨 · 송송 썬 쪽파 · 참기름 약간씩

> **양념장》**
> 고추장 4큰술, 고춧가루 1큰술, 간장 1큰술, 물엿 1큰술, 설탕 2큰술, 다진 마늘 1큰술, 식초 1큰술, 깨소금 · 참기름 약간씩

: : 이렇게 만드세요
1. **고명 준비하기** 익은 배추김치의 국물을 살짝 짠 다음 양념을 털어 내고 쫑쫑 썬다. 참기름을 적당히 넣어 배추김치를 잘 무친다. 오이는 어슷하게 저며 썰어 가늘게 채 썬다.
2. **양념장 만들기** 준비한 분량의 양념을 순서대로 한데 넣고 골고루 잘 섞어 매콤한 양념장을 만든다.
3. **국수 삶기** 국수를 삶아 찬물에 씻어 건진다. 채반에 담아 물기를 뺀 다음 참기름을 약간 떨어뜨려 무친다.
4. **양념 무치기** 국수에 준비한 양념장을 넣어 골고루 무친다.
5. **담아 내기** 무친 국수를 그릇에 담고 미리 무쳐 놓은 김치와 오이, 송송 썬 파를 예쁘게 올린다. 통깨를 솔솔 뿌리면 훨씬 맛깔스럽게 보인다.

★ 국수가 붙지 않게 하려면
국수 요리를 하다 보면 간혹 불어서 맛이 없어지는 때가 있어요. 이럴 때는 국수를 삶아 재빠르게 찬물에 헹군 다음 참기름을 넣어 한 번 무쳐 주세요. 국수가 붙지 않고 훨씬 더 쫄깃해집니다.

보글보글 소리부터 군침 돈다!

탕 & 찌개

PART 2

보글보글 찌개 끓는 소리는 어떤 음악보다 듣기 좋습니다.
끓는 소리와 함께 구수하게 퍼지는 매콤한 냄새 또한
군침이 꼴깍꼴깍 넘어가게 하지요. 평범한 요리지만 없으면
허전한 탕과 찌개 그리고 국. 얼큰해서 더 맛있는 국물 요리를 소개합니다.
찬바람이 스산하게 부는 날에는 탕과 찌개가 더 생각나죠.

요리 재료는 4인분 기준입니다.

쿠킹센스 1
시원한 국물 맛, 생선뼈 육수를 이용하면 좋습니다
시원한 국물 맛을 내려면 가자미나 우럭, 명태, 대구 같은 흰살생선의 뼈를 냄비에 담아 대파와 마늘, 양파 등과 함께 물을 넣고 끓여 보세요. 감칠맛과 시원한 맛이 풍부해 절로 손이 가는 뽀얀 국물이 우러나요. 이렇게 만든 생선뼈 국물은 고춧가루를 풀어서 얼큰하게 탕을 끓여도 좋고, 맑은 국으로 이용해도 좋습니다.

쿠킹센스 2
멸칫가루나 새우가루를 넣으면 즉석 육수가 되지요
미처 육수를 준비하지 못했는데 당장 탕이나 찌개를 끓여야 할 때, 종종 있으시죠? 그럴 때 고민하지 마세요. 이런 경우엔 멸칫가루나 새우가루를 준비해 두었다가 가루를 물에 풀어서 팔팔 끓이면 맛이 깊지는 않아도 고소한 국물 맛을 살릴 수 있거든요. 생선의 비릿한 냄새가 싫다면 표고를 잘 말렸다가 가루를 낸 것을 풀어도 국물이 담백해진답니다.

쿠킹센스 3
얼큰하고 진한 맛, 고추장으로 해결하세요
찌개나 탕의 얼큰한 맛을 음미하고 싶을 때는 고춧가루는 조금만 넣고 고추장을 풀어 넣는 게 좋답니다. 고추장을 풀어 넣으면 국물이 걸쭉해지면서 매콤하고 깊은 맛이 살아나기 때문에 식성이 까다로운 분들도 좋아하지요.

얼큰한 탕과 매운 찌개…
더 맛있게 만드는 비법

보글보글 소리만 들어도 군침이 절로 삼켜지는 게 탕과 찌개죠. 사랑하는 가족들이 입맛 없어하거나 기운이 빠져서 어깨가 축 늘어져 있을 때, 매콤하고 얼큰한 국물 요리로 정신 번쩍, 힘 펄펄 나게 해주는 것은 어떨까요? 요즘처럼 살기 힘들다는 이야기가 많이 나오는 때야말로 얼큰한 탕과 찌개가 가장 입에 당기는 음식이랍니다. 든든하게 먹고 힘을 써보자구요.

쿠킹센스 4
뚝배기를 자주 이용하세요
보글보글 끓는 맛이 일품인 탕은 뚝배기에 넣고 끓여야 제 맛이 나지요. 뚝배기는 바닥이 두껍기 때문에 일단 열이 달아오르면 쉽게 식지 않으니 보글보글 끓는 눈 맛을 즐길 수 있어 참 좋아요.

쿠킹센스 5
찌개에 넣을 채소는 미리 데쳐서 사용하세요
찌개에는 무청이나 배추 시래기를 넣으면 맛이 더욱 좋아집니다. 이들 채소를 넣을 때는 그냥 넣지 말고 번거롭더라도 한 번 데친 다음에 넣으세요. 이렇게 하면 채소에 나오는 불순물과 잡내가 국물에 배어들지 않아서 훨씬 깔끔한 국물 맛을 음미할 수 있답니다.

쿠킹센스 6
매운탕을 끓일 때는 미리 양념장을 만드세요
맛있는 매운탕을 먹으려면, 미리 양념장을 만들어 두었다가 넣는 게 좋아요. 이렇게 양념장을 만들어 넣으면 국물이 깔끔해질 뿐만 아니라 양념이 따로 놀지 않아서 음식이 훨씬 정갈해진답니다.

쿠킹센스 7
된장국에도 고춧가루를 넣어 보세요
된장국은 누구나 즐기는 단골 메뉴죠. 그래도 만날 같은 된장국만 먹는다면 좀 지겹겠지요? 똑같은 된장국만 상에 올린다고 투정하는 가족이 있다면 국물에 고춧가루를 살짝 넣어서 끓여 보세요. 칼칼한 맛이 나면서 전혀 다른 된장국의 맛을 느낄 수 있답니다.

쿠킹센스 8
쇠고기 육수는 푹 고아서 만드세요
쇠고기로 육수를 낼 때는 양지머리를 이용하는 게 좋아요. 양지머리에 대파와 마늘을 넣고 2시간 이상 중간 불에서 푹 끓여 국물을 내면 맑고 구수한 쇠고기 육수가 완성된답니다. 끓이면서 거품을 걷어 내야 국물이 탁해지지 않습니다.

쿠킹센스 9
콩나물을 넣으면 국물이 시원해지죠
콩나물은 참 쓸모가 많아요. 데쳐서 조물조물 무치면 그 자체로도 훌륭한 반찬이 되고, 탕이나 찌개에 조금만 넣어도 국물 맛을 한결 시원하게 만들어 주거든요. 냉장고 속에 늘 콩나물을 넣어 두면 언제든지 국물 맛을 살리는데 요긴하게 사용할 수 있답니다.

쿠킹센스 10
생선 대가리도 감칠맛 나는 국물이 된답니다
생선찌개 국물을 낼 때는 마른 멸치만 쓰는 것보다 마른 보리새우를 넣으면 더 구수해진답니다. 또 보리새우와 함께 생선 대가리를 넣어 끓이면 국물의 감칠맛이 훨씬 진해지죠. 생선 대가리를 버리지 않고 두었다가 국물 낼 때 사용하는 지혜를 발휘해 보세요.

쿠킹센스 11
단맛 나는 국물은 쌀뜨물에 채소를 데쳐 만드세요
단맛 도는 국물을 만들고 싶을 때는 쌀뜨물과 채소를 이용하세요. 쌀뜨물을 받아 놓았다가 여기에 시금치나 우거지 등을 데치면 국물에 단맛이 우러나와 색다른 찌개나 탕을 끓일 수 있답니다.

쿠킹센스 12
개운하면서도 칼칼한 맛은 말린 고추로 해결하세요
칼칼하고 개운한 맛을 즐기고 싶을 때는 국물을 낼 때 마른 고추를 사용해 보세요. 청양 고추가 있을 경우 함께 넣어서 끓이면 국물 맛이 한결 개운해지지요. 말린 고추는 통째로 넣지 말고 큼지막하게 잘라서 씨를 털어 낸 다음 사용하세요. 청양 고추도 잘게 썰기보다 손으로 뚝뚝 분질러서 사용하면 더 좋지요.

쿠킹센스 13
배추 우거지를 넣을 때는 미리 양념을 하세요
국이나 탕을 끓일 때 손쉽게 넣는 채소가 배추 우거지죠. 국물 요리에 넣는 배추 우거지는 미리 데친 다음 물기를 뺀 뒤에 된장, 다진 마늘, 참기름, 고춧가루 등을 넣고 조물조물 양념을 해주세요. 이렇게 양념을 한 다음 국물에 넣으면 훨씬 구수한 맛을 느낄 수 있답니다.

쿠킹센스 14
닭 육수는 식혀서 기름기를 잘 걷어 낸 다음에 쓰세요

맑은 국물을 낼 때 사용하는 재료 중의 하나가 닭입니다. 닭으로 육수를 끓일 때는 중간 불에서 1시간 남짓 푹 끓여서 잘 식힌 다음 위에 뜬 기름기를 완전히 걷어 내도록 하세요. 기름기를 걷어 내지 않으면 국물이 느끼해지기 쉽거든요.

쿠킹센스 15
생새우 찌개에는 향이 강한 채소를 넣으세요

겨울에는 싱싱한 생새우가 많이 나옵니다. 생새우만 넣고 찌개를 끓여도 맛이 아주 좋지요. 생새우 찌개를 끓일 때는 시원하고 칼칼한 맛을 살리기 위해서 고춧가루를 충분히 넣는 것이 좋은데, 특별히 향이 진한 깻잎 등을 듬뿍 넣으면 맛이 훨씬 좋아진답니다.

쿠킹센스 16
사골 육수는 센 불에서 한소끔 끓인 다음에 만드세요

겨울철이 되면 사골 육수를 끓여 먹는 집이 많습니다. 사골은 핏물을 잘 빼는 것도 중요하지만 센 불에서 한소끔 팔팔 끓여 기름기와 잡 냄새를 뺀 다음 은근한 불에서 육수를 내야만 국물이 개운해진답니다. 물론 차게 식힌 뒤 국물 위에 뜬 기름기를 말끔하게 걷어 내는 것도 잊지 마세요.

쿠킹센스 17
찌개에 넣는 호박은 큼지막하게 써세요

찌개에 자주 넣는 재료가 호박이죠. 호박을 찌개에 넣을 때는 큼지막하게 썰어서 넣는 게 좋아요. 호박은 쉽게 물러지기 쉬워서 오래 끓여야 하는 찌개에 자잘하게 썰어 넣으면 음식이 정갈하지도 않을뿐더러 맛도 없어진답니다.

쿠킹센스 18
찌개는 국물을 너무 많이 잡지 마세요

찌개는 국과 다른 게 국물이 많지 않다는 것이죠. 국물과 건더기의 양은 6:4 정도로 잡아야 숟가락으로 떠먹는 맛이 난답니다. 불 조절을 잘해서 끓이는 것도 비결입니다. 센 불에서 한소끔 끓인 다음 약한 불에서 은근하게 끓여 국물을 졸여야 맛이 깊어진답니다.

구수하면서도 시원한 맛
쇠고기김치찌개

김치찌개는 돼지고기를 넣어야 제맛이 난다고 생각하는 분들이 많은데, 쇠고기를 넣고 찌개를 끓여도 색다른 맛을 즐길 수 있습니다. 구이를 하고 남은 쇠고기를 이용해도 의외로 구수하면서도 깊은 김치찌개 맛을 느낄 수 있거든요.

:: 준비할 재료
잘 익은 배추김치 ¼포기, 쇠고기 200g, 두부 ½모, 대파 ½대, 고춧가루 1큰술(또는 고추장 1큰술), 식용유 1큰술, 국간장 1큰술

:: 이렇게 만드세요
1. **배추김치 준비하기** 배추는 잘 익은 것으로 골라 소를 대강 털고 4~5cm 폭으로 굵직하게 썬다.
2. **재료 썰기** 두부는 찬물에 한 번 헹구어 가로 세로 5~3cm 크기로 직사각형으로 네모나게 썬다. 대파는 어슷어슷 굵게 썰고, 쇠고기는 얄팍하게 먹기 좋은 크기로 저며 썬다.
3. **주재료 볶기** 냄비를 뜨겁게 달구어 기름을 약간만 두른 다음 쇠고기를 넣고 볶는다. 고기가 거의 익으면 소를 턴 김치를 함께 넣고 잘 볶는다.
4. **국물 끓이기** 김치에 기름이 돌고 부드럽게 익으면 물 3컵을 붓고 고춧가루를 넣어 잘 어우러지게 끓인다. 국물 맛을 좀더 걸쭉하게 하려면 고춧가루 대신 고추장을 넣어도 좋다.
5. **두부, 대파 넣고 간 맞추기** 국물이 팔팔 끓고 김치가 잘 익었으면 두부와 대파를 넣고 한소끔 더 끓인 다음 국간장으로 간을 맞춘다.

★ **쇠고기 부위별 쓰임새를 알아두세요**
쇠고기는 부위가 참 다양합니다. 목심은 국거리, 장조림, 불고기용으로 좋고, 가슴살 질긴 부위인 양지는 오래도록 끓이는 요리에 좋습니다. 사태는 탕이나, 찜 요리를 할 때, 채끝은 지방이 적당히 섞여있어 스테이크, 찜, 전골, 샤브샤브용으로 좋습니다.

시원하고 깊은 맛
조기매운탕

봄철이면 싱싱한 생조기가 시장에 많이 나옵니다. 비늘이 살아 있는 금빛 참조기는 고소하면서도 부드럽죠. 저는 이 시기에 참조기를 넉넉하게 구입해서 소금간을 하여 약간 촉촉할 정도로 말렸다가 냉동실에 넣어 둡니다. 반찬 없을 때 한 마리씩 꺼내 구우면 밑반찬이 따로 필요 없어 아주 좋더군요.

:: 준비할 재료
조기 2마리, 무 100g, 모시조개 5개, 양파 1개, 미나리 ½단, 국간장 1큰술, 고춧가루 2큰술, 고추장 1큰술, 쑥갓·대파·마늘·생강 약간씩

:: 이렇게 만드세요
1. **조기 손질하기** 조기는 노란색이 도는 물 좋은 참조기로 준비한다. 지느러미를 떼 내고, 비늘을 긁어 손질한 뒤 통째로 씻어서 소금을 조금 뿌려 놓는다. 조기는 내장까지 함께 조리하는 것이 일반적인데 매운탕의 깔끔한 맛을 살리려면 내장을 제거하는 것이 좋다.
2. **채소 손질하기** 무는 가로 세로 4cm 크기로 굵직하게 나박썰기를 하고 양파는 굵게, 생강은 곱게 채 썬다. 대파는 어슷썰기를 해놓고, 마늘은 곱게 다진다. 미나리와 쑥갓도 깨끗이 씻어 손질해 놓는다.
3. **국물 만들기** 냄비에 물 4컵을 붓고 준비한 모시조개를 넣은 후 국간장으로 간을 하여 한소끔 끓인다.
4. **조기 넣어 끓이기** 국물이 팔팔 끓으면 무와 손질한 조기, 고춧가루를 풀어 중간 불에서 끓인다. 걸쭉한 맛을 좋아하는 사람은 고춧가루 양을 줄이고 대신 고추장을 2큰술 정도 넣어 끓여도 된다.
5. **양념 채소 넣기** 국물이 한소끔 끓어올라 조기가 어느 정도 익으면 썰어 놓은 대파와 양파, 미나리, 쑥갓, 마늘, 생강을 넣고 잠깐 더 끓여 불에서 내린 다음 뚝배기에 담아 상에 낸다.

★ 국물 맛을 시원하게 하려면
조기매운탕을 끓일 때 국물의 시원한 맛을 살리고 싶다면 모시조개를 몇 개 넣어 한소끔 팔팔 끓인 조개 국물을 사용해 보세요. 국물 맛이 아주 시원해져요. 조개 국물을 만들 때 대파도 굵직하게 썰어서 함께 넣어 끓이면 뒷맛이 더욱 깔끔해져 아주 시원한 맛이 난답니다.

매콤하고 시원한 우리 맛
김칫국

제 집에는 사시사철 묵은 김장 김치가 있습니다. 예전에는 항아리를 땅에 묻고 김장 김치의 맛을 들였는데, 요즘에는 김치 냉장고가 생겨서 여기에 넣어 두면 여름까지 맛이 변하지 않아 참 좋더군요. 김장 김치는 김칫국을 끓일 때나 돼지고기를 도톰하게 썰어 넣고 김치찌개를 끓일 때 진가를 발휘합니다.

:: 준비할 재료

배추김치 ⅛포기, 멸치(국물내기용) 10개, 콩나물 50g, 홍고추 1개, 고춧가루 1작은술, 대파 · 다진 마늘 · 소금 · 국간장 약간씩

:: 이렇게 만드세요

1. **배추김치 썰기** 배추김치는 잘 익은 것으로 준비하여 김치 소와 양념을 털어 내고 2~3cm 폭으로 썰어 놓는다.
2. **콩나물 다듬기** 콩나물은 너무 크지 않은 중간 크기로 골라 뿌리를 다듬어 깨끗이 씻어 둔다.
3. **멸치 다듬기** 굵은 국물내기용 멸치를 골라 내장을 잘 떼 내고 깨끗이 다듬어 놓는다.
4. **채소 썰기** 대파와 홍고추는 약간 굵게 어슷썰기한다.
5. **김치 넣고 끓이기** 냄비에 물을 넉넉히 붓고 김치, 멸치를 함께 넣어 끓인다. 한소끔 팔팔 끓어오르면, 다듬어 놓은 콩나물을 냄비에 넣고 한 번 더 팔팔 끓이도록 한다.
6. **간 맞추기** 콩나물이 익으면 준비해 놓은 채소와 고춧가루 · 다진 마늘 · 국간장 · 소금을 약간씩 넣고 한소끔 더 끓여서 상에 올린다.

★ **김칫국을 깔끔하게 끓이려면**

양념이 아깝다고 김치를 그대로 다 넣으면 국물 맛이 깔끔하게 되지 않으니 조금 털어 내도록 하세요. 하지만 김치 소와 양념은 살짝 털어 내는 것이 좋아요. 깔끔하게 끓인다고 물에 담갔다가 건지는 분도 있는데, 이렇게 하면 김치 고유의 맛이 사라져서 국물이 맹탕이 되기 쉽습니다. 꼭 콩나물을 넣어야 하는 것은 아니지만, 콩나물을 넣으면 국물 맛이 한결 시원해진답니다.

매콤하고 칼칼한 맛
돼지고기김치찌개

김칫국만큼 자주 끓이게 되는 것이 돼지고기 김치찌개랍니다. 돼지고기와 두부만 있으면 매콤하면서도 칼칼한 찌개가 한 냄비 가득 완성되거든요. 국물을 갓 지어낸 밥에 넣고 쓱 비비면 입안에 군침이 절로 돌지요. 돼지고기 김치찌개로 반찬 걱정을 덜어보세요.

:: 준비할 재료
잘 익은 배추김치 ¼포기, 돼지고기 200g, 두부 ½모, 대파 ½대, 고춧가루 1큰술(또는 고추장 1큰술), 식용유 1큰술, 국간장 1큰술

:: 이렇게 만드세요
1. **배추김치 준비하기** 배추는 잘 익은 것으로 골라 소를 대강 털고 4~5cm 폭으로 굵직하게 썬다.
2. **두부와 대파, 돼지고기 썰기** 두부는 가로 세로 3~4cm 크기로 네모나게 썬다. 대파는 어슷어슷 굵게 썰고, 돼지고기는 얄팍하게 저며 썬다.
3. **주재료 볶기** 냄비를 뜨겁게 달구어 기름을 약간만 두른 다음 돼지고기를 넣고 볶는다. 돼지고기가 거의 익으면 소를 턴 김치를 함께 넣고 잘 볶는다.
4. **국물 끓이기** 김치에 기름이 돌고 부드럽게 익으면 물 2컵을 붓고 고춧가루를 넣어 잘 어우러지게 끓인다. 국물 맛을 좀더 걸쭉하게 하려면 고춧가루 대신 고추장을 넣어도 좋다.
5. **두부, 대파 넣고 간 맞추기** 국물이 팔팔 끓고 김치가 잘 익었으면 두부와 대파를 넣고 한소끔 더 끓인 다음 국간장으로 간을 맞춘다.

⭐ **김치찌개는 오래 끓이세요**
김치찌개는 주재료인 김치가 뭉그러지도록 끓이면 맛이 더 깊어집니다. 보글보글 한소끔 끓어오르면 불을 약하게 조절해서 타지 않도록 한참을 끓이면 김치가 숨을 죽이기 시작합니다. 국물 맛을 더 걸쭉하게 내고 싶을 때는 고춧가루 대신 고추장을 1큰술 듬뿍 넣으면 좋습니다.

보너스 요리

북어고추장찌개

준비할 재료
북어(큰 것) 2마리, 무 ½개, 두부 ½개, 대파 1뿌리, 고추장 5큰술, 고춧가루 2큰술, 다진 마늘 1큰술, 국간장 1큰술

이렇게 만드세요
1. **북어 손질하기** 북어는 하룻밤을 물에 불려 부드럽게 한 다음 머리를 떼어 내고 3등분한다. 살을 발라낸 후 칼집을 굵직하게 넣는다.
2. **채소 손질하기** 무는 큼직하게 썰고, 두부도 도톰하게 썰어 둔다. 대파는 어슷 썰고, 마늘은 껍질을 까서 잘 다져 놓는다.
3. **북어 넣고 국물내기** 냄비에 북어와 무를 넣고 물 6컵을 부어 한소끔 끓여 국물 맛을 낸다.
4. **고추장, 고춧가루 풀기** 국물이 우러나면 고추장과 고춧가루를 풀어 충분히 끓인다.
5. **부재료 넣고 끓이기** 한소끔 더 끓어오른 국물에 두부, 대파, 다진 마늘 등을 넣고 한 번 더 끓인 다음 국간장으로 간을 맞춘다.

콩나물탕

준비할 재료
콩나물 80g, 무 ¼개, 멸치(국물내기용) 10마리, 대파 1뿌리, 홍고추 1개, 풋고추 1개, 새우젓 1작은술, 고춧가루·국간장 1큰술씩

이렇게 만드세요
1. **채소 다듬기** 콩나물은 뿌리를 다듬어 잘 손질해 놓고, 무는 나박썰기한다. 대파, 홍고추, 풋고추는 송송 썰어 둔다
2. **국물내기** 나박썰기한 무와 멸치를 냄비에 함께 넣고 물 6컵을 부어 한소끔 끓인다. 국물 맛이 우러나면 멸치는 건져 낸다.
3. **콩나물 넣고 끓이기** 국물에 다듬어 놓은 콩나물을 넣어 뚜껑을 닫고 끓인다. 콩나물이 익으면 고춧가루와 국간장, 새우젓을 넣어 간을 맞춘다.
4. **고추, 대파 넣기** 그릇에 담기 전에 송송 썬 홍고추, 풋고추, 대파를 넣어 맛을 낸다.

붉은 빛 국물이 맛스러운
육개장

얼큰한 육개장은 속이 허전할 때나 손님이 찾아왔을 때 상에 올리면 좋습니다. 고추장과 장아찌 파는 일을 30년 이상 하다 보니까 전국 각지에서 제 집을 찾는 손님들이 많습니다. 이렇게 손님들이 많이 찾아오는 날이면 저는 얼큰한 육개장 국물로 손님 접대를 하지요. 어찌나 좋아하시는지 제 마음까지 따뜻해진답니다.

: : 준비할 재료
쇠고기(양지머리) 300g, 숙주나물 150g, 대파 2뿌리, 삶은 고사리 100g, 고춧가루 1큰술, 고추기름 2큰술, 다진 마늘 1큰술, 후춧가루·소금 약간씩

: : 이렇게 만드세요
1. **쇠고기 익히기** 쇠고기는 양지머리를 준비해서 냄비에 넣고 물 6컵을 부어 푹 끓여 익힌다. 한 김 식인 후 결대로 잘게 찢거나 먹기 좋게 썬다.
2. **채소 다듬기** 숙주나물, 대파 다듬은 것과 삶은 고사리를 깨끗하게 씻는다. 숙주는 물에 데치고 대파는 굵직하게 썬다.
3. **고기에 양념하기** 익혀서 찢어 놓은 고기에 고춧가루와 고추기름, 다진 마늘, 후춧가루를 넣고 잘 버무린다.
4. **고기 다시 끓이기** 고기 삶아 낸 국물에 양념한 쇠고기를 다시 넣어 한소끔 팔팔 끓인다.
5. **채소 넣고 끓이기** 준비해 놓은 숙주나물과 고사리, 대파 등을 넣어 끓인 다음, 상에 올리기 전에 소금으로 간을 맞춘다.

★ 고추기름, 이렇게 만드세요
육개장의 맛은 고추기름이 좌우한다고 해도 과언이 아니지요. 그만큼 고추기름을 잘 만들어야 한다는 이야기입니다. 고추기름은 식용유에 고춧가루를 넣어 볶은 후 체에 거르면 쉽게 만들어집니다. 자칫하면 고춧가루를 태워서 탄 맛이 돌거나, 아니면 덜 볶아져서 밋밋한 맛이 나기 쉬우므로 볶는 시간을 잘 조절하는 게 중요하지요.

매콤하고 산뜻한 맛이 일품
얼큰고추장두부찌개

두부는 늘 먹어도 질리지 않는 식품입니다. 단백질이 풍부할 뿐만 아니라 어떤 재료에 넣어도 잘 어울려서 냉장고 속에 늘 있어야 하는 재료이지요. 갑자기 손님이 찾아오셨을 때나 상에 올릴 찬거리가 없을 때면 저는 두부를 넣고 있는 재료들을 모아서 얼큰한 고추장 두부찌개를 끓입니다.

:: 준비할 재료
찌개용 두부 1모, 감자 1개, 양파 1개, 파 ½뿌리, 버섯 50g, 풋고추·홍고추 각 1개, 소금 1작은술, 후추 약간, 육수 5~7컵

> **양념장**》
> 고추장 2큰술, 고춧가루 1큰술, 다진 마늘 1큰술, 국간장 1큰술

:: 이렇게 만드세요
1. **육수 만들기** 국물 멸치를 한움큼 넣고 육수를 만든다. 멸치 다시물이 다 우러나면 다시마 몇 조각을 넣어 국물 맛을 깊게 한다.
2. **채소 썰기** 감자, 양파는 큼직하게 썰어 준비해 둔다
3. **양념장 만들기** 고추장과 고춧가루, 다진 마늘, 국간장을 함께 넣어 양념장을 만든다.
4. **두부 썰기** 두부는 직사각형으로 네모나게 예쁘게 썬다.
5. **육수 부어 끓이기** 육수를 냄비에 넣고 미리 썰어둔 채소를 넣고 끓이다가 양념장을 넣어 팔팔 끓인 다음 두부를 마지막에 넣고 한소끔 더 끓인다. 상에 올리기 전에 풋고추와 홍고추를 어슷썰어서 넣는다.

★ **두부를 오래 보관하려면**
두부는 어느 집이나 냉장고 속에 보관하는 식품 중 하나입니다. 요즘은 팩에 든 두부를 먹으므로 보관에 그다지 신경을 쓰지 않아도 되지만 두부 1모를 전부 사용하지 않을 때는 냉장고 속에 보관해야 합니다. 이럴 때는 물에 소금을 약간 뿌린 다음 두부가 잠기도록 보관하면 며칠 동안 신선하게 먹을 수 있답니다.

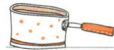

텁텁한 뚝배기 맛
된장찌개

된장의 고소한 맛을 살리는 데도 고추장은 큰 역할을 하지요. 된장찌개에 매콤한 고춧가루나 고추장이 들어가야 깔끔한 맛이 나더라고요. 된장과 고추장이 함께 들어가면 매운맛이 한결 부드러우면서도 색다르게 느껴지거든요. 그래서 저는 된장 요리를 할 때도 고추장이나 고춧가루를 듬뿍 넣어서 조리하는 걸 좋아한답니다.

:: 준비할 재료
표고버섯 2개, 양파 ½개, 두부 ¼모, 멸치(국물내기용) 5~10마리, 된장 1큰술, 고추장 ½큰술, 고춧가루 ½큰술, 소금 약간

:: 이렇게 만드세요
1. **채소와 두부 손질하기** 표고버섯과 양파는 잘게 썰고, 두부는 도톰하게 나박썰기한다.
2. **국물내기** 물 3컵에 국물내기용 멸치를 넣고 국물이 약간 졸아들도록 팔팔 끓인 다음 멸치는 버리고 국물만 따라 놓는다.
3. **된장 넣고 끓이기** ②의 육수에 된장을 넣어 잘 푼다. 여기에 표고버섯과 양파를 넣어 끓인다.
4. **고추장, 고춧가루 풀기** 국물이 한소끔 끓어오르면 고추장과 고춧가루를 풀어 넣고 한소끔 더 끓인다. 두부를 넣어 센 불에 잠깐 더 끓인 다음 소금으로 간을 맞춘다.

★ **된장찌개에 멸칫가루를 넣으면 맛이 더 구수해져요**
된장찌개를 끓일 때 멸치를 곱게 간 가루를 넣으면 국물 맛이 더욱 깊고 구수해집니다. 된장에 멸칫가루를 넣어서 잘 섞어 놓았다가 찌개 국물에 넣어 조리를 하면 더 편하지요.

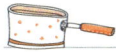

구수한 고향의 맛
청국장찌개

청국장과 신김치는 잘 어울리죠. 잘 띄운 청국장을 풀고 잘 익은 김치를 넣어서 바글바글 끓이면 구수한 고향의 향기가 전해져 오는 것 같습니다.
찬바람 부는 날, 청국장 듬뿍 풀고 무를 숭숭 썰어서 청국장국을 끓이면 달콤한 맛이 한기를 몰아내주기도 합니다.

:: 준비할 재료
청국장 3큰술, 쌀뜨물 4컵, 배추김치 ¼포기(또는 무 ½개), 고춧가루 1큰술, 대파 1대, 소금 약간

:: 이렇게 만드세요
1. **청국장 풀기** 뚝배기에 청국장을 직접 풀면 고루 퍼지지 않고 뭉치기 쉽다. 작은 그릇에 장을 담고 쌀뜨물을 조금 부어 잘 풀어 놓는다.
2. **배추김치 손질하기** 배추김치는 소를 대충 털어 송송 썬다. 배추김치 대신 무를 연필 깎듯 돌려깍기하여 넣으면 국물이 달콤하면서도 시원해진다.
3. **국물 끓이기** 뚝배기에 쌀뜨물 4컵과 배추김치를 넣고 끓인다. 국물이 한소끔 끓어 김치가 부드럽게 익으면 미리 풀어 둔 청국장을 넣고 잠시 더 끓인다.
4. **간 맞추기** 푹 끓여서 국물이 걸쭉해지면 어슷 썬 대파를 넣고 고춧가루를 풀어 넣는다. 소금으로 간을 맞춘다.

☆ **신김치를 넣으면 진한 청국장 냄새가 줄어들어요**
청국장은 맛은 좋은데 강한 냄새가 싫다는 분들이 많더군요. 청국장을 끓일 때 잘 익은 신배추김치를 넣으면 칼칼한 맛이 돌면서 청국장의 진한 향이 약해집니다. 청국장은 몸에 좋은 유익균이 많으므로 자주 드시도록 하세요.

보너스 요리

오징어 매운찌개

준비할 재료
오징어 2마리, 두부 1모, 모시조개 10개, 호박 ¼개, 양파 ¼개, 대파 1뿌리, 홍고추 1개, 쑥갓 5줄기, 김치 ⅛포기
양념장(고춧가루 2큰술, 간장 2큰술, 조미술 1큰술, 다진 마늘·다진 생강·소금·후춧가루 약간씩, 조개 국물 약간)

이렇게 만드세요
1. **오징어, 두부 손질하기** 오징어는 내장을 빼고 껍질을 벗겨서 칼집을 촘촘하게 넣은 다음, 반으로 갈라 2cm 크기로 썬다. 두부는 사방 3cm 크기로 도톰하게 썬다.
2. **모시조개 해감하기** 모시조개는 소금물에 담가 해감을 시킨 후 물 3컵을 붓고 소금을 약간 넣어 끓인다. 조개는 건지고 국물만 따라 낸다.
3. **채소 손질하기** 호박은 반달 모양으로 썰고, 양파는 굵게 채 썬다. 대파는 어슷어슷하게 썰고 홍고추는 송송 썬다. 쑥갓은 줄기를 잘 다듬어 손질하고, 마늘과 생강은 껍질을 벗겨 다져 놓는다.
4. **양념장 만들기** 고춧가루에 간장과 조미술을 넣고 다진 마늘·다진 생강·소금·후춧가루를 약간씩 넣은 후 조개 국물을 조금 부어 잘 섞는다.
5. **김치 볶기** 김치를 굵직하게 썰어서 냄비에 넣고 볶다가 조개 국물, 양념장을 풀어 한소끔 끓인다.
6. **오징어, 채소 넣고 끓이기** 국물에 손질한 오징어를 넣고 끓이다가 네모나게 썬 두부, 호박을 넣어 익힌다. 어슷 썬 대파와 홍고추, 쑥갓을 넣어 완성한다.

코다리 고추장양념구이

준비할 재료
코다리 중간크기 3마리,
양념장(고추장 3큰술, 다진 마늘 1큰술, 매실청 3큰술, 간장 1큰술, 설탕 1큰술, 조미술 3큰술 깨소금 3큰술, 참기름 1큰술)

이렇게 만드세요
1. **코다리 손질하기** 코다리는 꾸덕한 상태에서 배를 아랫쪽으로 향하게 놓고 몸통 중앙 큰뼈가 있는 부분을 방망이로 두들겨 살과 뼈를 분리시킨다.
2. **양념장 만들기** 그릇에 준비한 양념장 재료를 넣고 잘 개어둔다.
3. **양념장 발라 굽기** 코다리를 반듯하게 펼친 다음 양념을 골고루 발라 30여분 재워 코다리에 맛이 배이게 한 다음 굽는다. 껍질 쪽을 먼저 굽고, 양념 바른 부분을 나중에 굽는다.

시원한 국물 맛에 속이 풀려요
생태찌개

날씨가 쌀쌀해지면 따뜻한 국물 생각이 저절로 나지요. 이럴 때 얼큰한 생태찌개 한 냄비 끓여 놓고 온 가족이 둘러앉은 저녁 밥상은 그렇게 따뜻할 수가 없습니다. 진수성찬이 부럽지 않지요. 생태찌개 한상 올리는 날이면 남편이 꼭 원하는 게 있어요. 바로 반주 한잔이지요.

:: 준비할 재료

생태 1마리, 무 ½개, 두부 ½모, 대파 1뿌리, 풋고추 3개, 다시마 국물 4컵, 고추장 2큰술, 고춧가루 1큰술, 다진 마늘 1큰술, 국간장 · 소금 · 후춧가루 약간씩, 쑥갓(또는 미나리) 약간

:: 이렇게 만드세요

1. **생태 손질하기** 생태는 비늘을 긁어 내고 머리와 지느러미를 자른다. 손질한 생태를 5~6cm 길이로 토막내 흐르는 물에 씻는다.
2. **채소 손질하기** 무는 큼직하게 나박썰기하고 두부는 비슷한 크기로 도톰하게 썬다. 대파와 풋고추는 어슷 썬다.
3. **국물 끓이기** 냄비에 다시마 국물을 붓고 고춧가루와 국간장, 무를 넣고 끓이다가 고추장을 푼다.
4. **생태 넣기** 국물이 팔팔 끓기 시작하면 생태를 넣고 센 불에 끓인다.
5. **부재료 넣고 끓이기** 두부, 대파, 풋고추, 다진 마늘을 함께 넣어 한소끔 끓인다.
6. **간 맞추고 쑥갓 넣기** 생태가 익어서 두부가 국물 위로 떠오르면 소금과 후춧가루로 간을 하고 쑥갓이나 미나리를 얹는다.

★ **생태 대신 동태로 끓여도 맛있어요**

동태는 생태에 비해 선도가 떨어져 맛이 좀 덜한 편이지만 대신 값이 저렴해 자주 먹기에 부담이 없지요. 생태 대신 동태로 찌개를 끓일 때 고춧가루를 좀더 넣으면 얼큰한 맛이 더해지는 것은 물론 잡냄새를 없애 주기 때문에 훨씬 깔끔한 맛을 낼 수 있답니다. 또 무를 듬뿍 넣고 끓이는 것이 맛을 내는 비결이죠. 얼큰하고 매운 찌개는 육수를 먼저 끓이다가 무를 넣어야 진한 국물 맛을 낼 수 있답니다.

南 · 道 · 味 매운맛 행복밥상

상큼하고 개운한 맛
애호박고추장찌개

일거리가 많아서 몸이 지쳐 있는 날에는 상큼한 맛이 그리워질 때가 있습니다. 이런 날은 애호박을 숭숭 썰어서 고추장을 풀고 찌개를 끓이면 기운이 납니다. 애호박의 상큼한 단맛과 고추장의 텁텁하면서도 깊은 맛이 어우러져 구수하면서도 개운한 맛이 나거든요. 요리하기도 간편해서 저는 애호박 고추장찌개를 자주 끓입니다.

:: 준비할 재료
애호박 ½개, 고추장 2큰술, 고춧가루 ½큰술, 된장 1큰술, 다진 마늘 1큰술, 조미술 1큰술, 육수 2컵(쌀뜨물 또는 다시마물, 멸치육수), 참기름 1작은술, 소금 · 후춧가루 약간

:: 이렇게 만드세요

1. **고추장과 된장 볶기** 준비한 고추장과, 된장을 참기름을 넣고 살짝 볶은 다음 고춧가루를 넣고 다시 볶는다. 고추장과 된장을 살짝 볶으면 텁텁한 맛이 사라진다.
2. **육수 만들기** 다시마를 끓는 물에 넣고 2분 정도 끓이거나 국물 멸치를 한 움큼 넣고 끓인다.
3. **호박 썰기** 애호박은 잘 씻어 반달썰기를 해놓는다.
4. **끓이기** 육수에 볶은 고추장과 된장을 넣고 보글보글 끓이다가 썰어놓은 애호박과 다진 마늘, 조미술을 넣어 한소끔 더 끓인다. 마지막 간은 소금을 넣어서 맞추는 것이 좋다.

☆ **고추장, 된장의 텁텁한 맛을 가시게 하려면**
찌개의 감초, 고추장이나 된장은 그냥 넣으면 텁텁한 맛이 나서 국물 맛이 개운하지 않습니다. 그럴 때는 고추장이나 된장에 참기름이나 들기름을 약간 넣고 살짝 볶으면 국물이 산뜻하게 우러납니다. 구수한 맛을 더 살리고 싶을 때는 멸치가루나 표고버섯가루를 넣고 함께 볶으면 더 좋지요.

南 · 道 · 味 매운맛 행복밥상

입에 착 달라붙는 얼큰한 맛
추어탕

예전에는 가을이 되면 동네 사람들이 함께 모여 울력을 하곤 했어요. 도랑이라고 하는 동네 앞 개울을 막고 미꾸라지를 잡는 일이지요. 살이 통통하게 오른 미꾸라지를 잡아 삶고 체에 거른 다음 탕을 끓이면 한 그릇만 먹어도 힘이 절로 솟아오르는 듯했습니다.

:: 준비할 재료
미꾸라지 400g, 배추나 열무 시래기 150g, 대파 1대, 마늘 4톨, 생강 ½톨, 깻잎 10장, 소금 1큰술

> **양념장 》**
> 다진 파 3큰술, 다진 마늘 2큰술, 다진 생강 1큰술, 고춧가루 4큰술, 된장 ½컵, 들깨 가루 1큰술, 산초 가루 1작은술

:: 이렇게 만드세요

1. 미꾸라지 손질하기 산 미꾸라지를 골라 그릇에 담고 소금을 뿌린 후 뚜껑을 덮어 둔다. 이렇게 하면 미꾸라지들이 서로 비벼서 미끄러운 진도 없어지고 해감도 토한다. 미꾸라지가 죽으면 거품과 때가 다 빠질 때까지 여러 번 헹구어 체에 받쳐 놓는다.

2. 채소 손질하기 배추나 열무 시래기는 끓는 물에 데쳐서 찬물에 헹구어 5cm 길이로 썬다. 깻잎은 돌돌 말아 송송 썬다.

3. 미꾸라지 삶기 냄비에 손질한 미꾸라지와 큼직하게 썬 대파, 마늘, 생강 그리고 소금을 넣어 푹 삶은 뒤 미꾸라지만 건져서 믹서에 곱게 갈아 놓는다.

4. 채소 넣어 끓이기 물 8컵에 잘 갈아 놓은 미꾸라지를 넣고 다시 팔팔 끓이다가 데친 배추나 시래기를 넣어 한소끔 푹 끓인다.

5. 국물 양념하기 한소끔 끓으면 얼큰한 맛이 돌도록 된장, 고춧가루를 풀고 다진 파·마늘·생강을 넣은 뒤 약한 불에서 오래도록 끓인다. 상에 올리기 전에 들깨 가루와 산초 가루, 깻잎을 넣고 잠시 더 끓인다.

☆ 추어탕 국물에 비린내가 나지 않게 하려면

얼큰한 국물이 제 맛인 추어탕은 된장으로 기본 간을 맞춰야 비린내가 나지 않습니다. 그렇게 해야 구수하면서도 깊은 맛이 살아나지요. 또 땀을 뻘뻘 흘리면서 먹어야 제 맛이 나므로 마늘이나 고추, 대파를 듬뿍 넣는 것이 좋습니다.

담백하고 구수한 감칠 맛
고등어김치찌개

저희 집에는 묵은지가 참 많습니다. 지하 창고 항아리에도 묵은 김치가 있고, 김치 냉장고에도 2년 이상 묵힌 김치들이 있지요. 이따금 제 묵은지를 찾는 손님들이 있어서 늘 묵은지가 떨어지지 않게 신경을 씁니다. 물 좋은 생고등어가 들어온 날은 묵은지를 넣고 김치찌개를 끓입니다.

:: 준비할 재료
고등어 1마리, 묵은지 ½포기, 양파 ½개, 청고추·홍고추 각 1개씩, 대파 1뿌리, 멸치 다시마육수 3컵

양념장》
국간장 2큰술, 고춧가루 3큰술, 설탕 ½작은술,
청주 1큰술, 참기름 1작은술, 생강가루 ¼작은술,
다진 마늘 1큰술, 후춧가루 약간

:: 이렇게 만드세요
1. **고등어 손질하기** 고등어를 큼지막하게 토막내서 비늘을 벗겨 흐르는 물에 깨끗하게 씻는다.
2. **멸치 다시마육수 내기** 멸치 20마리 정도로 한 움큼을 냄비에 넣고 살짝 볶고, 물 4컵을 붓고 팔팔 끓인 다음, 다시마 2조각을 팔팔 끓을 때 넣었다가 곧바로 건져낸다.
3. **양념장 만들기** 준비한 양념을 한데 섞어 잘 저어놓는다.
4. **묵은지 담고 끓이기** 묵은지 밑동을 잘라낸 다음 통째로 냄비 바닥에 넣고, 그 위에 손질한 고등어를 올린 다음, 준비한 양념장과 육수를 넣어 끓인다. 한소끔 끓어오르면 약한 불에서 묵은지가 뭉그러지게 은근하게 조린다.
5. **고명 얹기** 어슷 썬 홍고추와 청고추를 넣고 살짝 김을 더 들인 다음 상에 올린다.

★ **고등어 비린내를 없애려면**
포슬포슬한 식감이 풍부한 고등어는 특유의 비린내 때문에 싫어하는 사람이 의외로 많더군요. 고등어 비린내가 싫을 때는 감자를 함께 넣어 조리하면 비린내가 사라집니다. 감자의 전분이 고등어의 지방산을 둘러 싸 비린내를 가시게 합니다.

南·道·味 매운맛 행복밥상

속풀이에 최고!
북어김치해장국

어린 시절, 어머니는 잘 말린 북어를 늘 부엌 한쪽에 간직했습니다. 그러다 아버지께서 약주라도 하시면 어머니는 북어를 꺼내 화풀이하듯 마구 두들겨대셨지요. 방망이 세례를 받고 부드러워진 북어를 잘게 찢어 김치만 송송 썰어 넣으면 금세 시원한 속풀이 해장국 완성됩니다. 땀 뻘뻘 흘리며 해장국 드시던 아버지 모습이 지금도 선하네요.

:: 준비할 재료
북어 1마리, 배추김치 ¼쪽, 대파 ½대, 양파 1개, 다진 마늘 1작은술, 고춧가루 1큰술, 소금 약간

:: 이렇게 만드세요

1. **북어 손질하기** 북어는 흐르는 물에 씻어서 물기를 잘 닦은 다음 방망이로 두들겨 살만 가늘게 찢는다.
2. **김치와 채소 손질하기** 속풀이 해장국을 끓일 때는 얼큰한 맛을 살리기 위해서 김치 소를 털어 내지 않은 채로 송송 써는 것이 좋다. 대파는 굵게 썰고 양파는 채 썬다.
3. **북어 볶기** 해장국의 개운한 맛을 살리기 위해 참기름을 넣지 않은 채로 북어를 볶는다.
4. **국물 붓고 끓이기** 육수 6컵을 붓고 찢어 놓은 북어와 송송 썬 김치, 다진 마늘을 넣어 끓인다. 육수가 없다면 맹물을 넣어도 된다.
5. **간 맞추기** 한소끔 끓어오르면 거품을 걷어 낸 다음 고춧가루와 양파와 대파를 넣고 끓이다가 소금으로 간을 맞춘다

★ 따로 간을 하지 않아도 돼요
북어 김치해장국은 김치에 간이 되어 있으므로 따로 간을 할 필요가 없습니다. 싱겁다 싶으면 마지막에 소금을 약간 넣어 간을 맞춥니다. 이렇게 하면 칼칼한 맛이 우러나와 국물 맛이 시원해진답니다. 콩나물을 한 움큼 넣고 끓이면 맛이 더 시원해지지요.

南·道·味 매운맛 행복밥상

달착지근한 맛이 일품
표고찌개

시골 인심은 아직도 넉넉합니다. 때로는 생각지도 않은 선물이 한 보따리씩 들어오는 날도 많거든요. 이웃의 버섯 농사를 짓는 분이 이따금 저희 집 앞을 지나다 표고버섯 한 박스를 내려 놓고 가기도 합니다. 이런 날은 야들야들한 표고버섯을 넣고 매콤한 찌개를 끓이지요.

:: 준비할 재료
표고버섯 10개, 쇠고기 50g, 두부 ⅛모, 애호박 ½개, 대파 ½뿌리, 홍고추 ½개, 달걀 1개, 고추장 ½큰술, 고춧가루 ½큰술, 국간장 ½큰술, 다진 마늘 1큰술, 참기름·소금 약간씩

:: 이렇게 만드세요
1. **쇠고기와 표고 밑간하기** 쇠고기는 한 입 크기로 썰고, 표고는 기둥을 떼어 내 채 썰거나 4등분한다. 고기와 버섯은 각각 소금과 참기름을 조금씩 넣고 주물러 밑간을 해 둔다.
2. **두부, 호박 썰기** 두부는 흐르는 물에 한 번 헹궈 씻은 후 사방 2cm 크기로 깍둑썰기하고 호박은 적당한 크기로 반달썰기를 한다.
3. **파와 고추 썰기** 파는 어슷 썰고, 홍고추도 어슷어슷 썰어서 씨를 털어 낸다. 달걀은 노른자와 흰자를 한데 섞고 고루 풀어 파를 넣고 휘휘 젓는다.
4. **장국 끓이기** 손질한 쇠고기를 냄비에 넣고 볶다가 물을 적당히 붓고 끓여 맑은 장국을 만든다.
5. **양념 넣고 끓이기** 쇠고기 맑은 장국이 한소끔 끓어오르면 고추장과 고춧가루, 국간장을 넣고 팔팔 끓인 다음 애호박과 표고를 넣고 끓인다.
6. **달걀 풀기** 호박이 익으면 두부와 다진 마늘, 홍고추를 넣고 파를 섞은 달걀물을 넣어 한번 휘 저은 후 한소끔 다시 끓여 상에 올린다.

> ★ **표고 기둥은 찌개 육수용으로 사용하세요**
> 표고를 조리할 때 보면 버섯 기둥을 버리는 분들이 많습니다. 다른 버섯에 비해 기둥이 단단하기 때문에 먹기에 좋지 않아서 그렇지요. 하지만 저는 표고 기둥을 결대로 가늘게 찢어 잘 말려 놓습니다. 이렇게 말려 놓은 기둥을 육수 낼 때 한 움큼씩 넣으면 국물에서 담백하면서도 감칠맛이 난답니다.

얼큰하면서도 시원한 맛
고추장순두부찌개

코끝 찡하게 추운 날은 얼큰하고 매콤한 맛이 당기지요. 이런 날은 순두부 한 봉지를 넣고 고추장을 듬뿍 풀어서 얼큰한 고추장 순두부 찌개를 먹습니다. 추위가 가시고, 힘이 절로 솟는 것 같습니다. 냉장고에 남은 쇠고기가 있다면 그것을 넣고 끓여도 좋고, 고기가 없을 때는 김치나 버섯 몇가닥만 넣어도 맛이 깊어집니다.

:: 준비할 재료
쇠고기 200g, 순두부 1봉지, 묵은 김치 ¼포기

> **양념장**
> 고추장 2큰술, 고춧가루 1큰술, 참기름 1작은술,
> 다진 마늘 1작은술, 후추 약간, 대파 ½뿌리

:: 이렇게 만드세요
1. **쇠고기 밑간하기** 쇠고기를 얇게 썰고, 준비한 고추장과 고춧가루, 참기름, 마늘, 후추를 넣고 조물조물 주무른다.
2. **고기 익히기** 약한 불에 밑간한 쇠고기를 넣고 살짝 볶은 다음 물을 고기가 잠길 정도로만 부어서 한소끔 끓인다.
3. **묵은 김치 썰기** 묵은 김치는 송송 썬 다음, 고기를 볶은 냄비에 나머지 물을 붓고 팔팔 끓인다.
4. **순두부 넣기** 순두부를 넣어 한소끔 더 끓인다. 다 끓으면 어슷 썬 대파 몇 조각을 넣어 상에 올린다.

★ **순두부에 단맛나는 채소는 넣지 마세요**
순두부는 맛 내기가 참 어려운 재료입니다. 국물을 많이 잡으면 맹탕이 되기 쉽습니다. 물을 자작하게 붓는 것이 요령입니다. 순두부를 끓일 때, 호박이나 양파 같은 단맛이 풍부한 채소는 맛을 밍밍하게 하므로, 담백한 맛이 나는 배추나 버섯 종류를 넣는 것이 좋습니다.

매콤 달콤 입 안에 착착 감긴다!

조림

PART 3

생선이 요즘처럼 흔하지 않았던 어린 시절,
간간이 먹어본 생선이라곤 고등어 자반이나 말린 북어가 고작이었지요.
장에 다녀오신 어머니가 무 넣고, 말린 고구마 줄기 넣어 지져 주시던
고등어 자반 조림이 그리워지는 것은 꼭 나이 탓만은 아닌 것 같아요. 어머니만의 그 손맛…….
그 맛을 기억하며 매콤 달콤한 조림 요리를 만들어 보았습니다.

요리 재료는 4인분 기준입니다.

쿠킹센스 1
채소와 간장으로 조림장을 만드세요

미리 조림장을 만들어 두었다가 조림 요리를 할 때마다 조금씩 꺼내 쓰면 맛도 있고 편리해서 아주 좋답니다. 양파, 마늘, 대파, 생강 등 쓰고 남은 채소를 냄비에 넣고 다시마와 함께 간장을 부어 푹 끓여 내면 맛있는 조림장이 되지요. 특히 양파의 단맛이 배어들면 조림을 할 때 따로 설탕을 넣지 않아도 달착지근한 맛이 잘 살아난답니다. 한 번 만들 때 넉넉하게 만들어서 사용하도록 하세요.

쿠킹센스 2
생선 조림에는 무나 시래기 등을 넣으세요

생선 조림을 할 때 무나 양파, 감자 등을 깔고 조리면 맛이 더 좋아진다는 것, 다 알고 계시죠? 또 고구마 줄기나 시래기 삶은 것을 넣고 조리면 맛이 한결 구수해지면서 깊어진답니다. 나물을 넣어 조림 요리를 할 때는 조림장에 된장을 조금 풀고, 물 대신 멸치 국물이나 다시마 국물을 부어 조리면 더욱 맛있습니다.

매콤달콤 고추장 조림 요리…
더 맛있게 만드는 비법

고추장은 조림 요리를 할 때도 제몫을 톡톡히 해냅니다. 고추장을 넣고 은근한 불에 오래도록 조린 조림 요리는 입맛 없을 때 미각을 살리는 좋은 식단이지요. 반찬 없을 때 부엌 한 구석에 꼭꼭 숨겨져 있던 북어를 한 마리 꺼내서 조림을 해도 되고, 무나 호박 같은 제철 채소를 이용해 조림 요리를 해도 그만이지요.

조림을 할 때는 뭐니뭐니 해도 재료의 성질을 잘 살려서 조리를 하는 것이 중요합니다. 무를 넣을 때는 주재료보다 먼저 넣어서 푹 익히는 것이 좋고, 생선을 주재료로 할 때는 말린 고구마 줄기나 시래기를 물에 불렸다가 함께 조리면 요리에서 깊은 맛이 살아나 좋습니다.

쿠킹센스 3
조릴 때 콩가루를 뿌리면 더 고소해져요
고소한 맛을 좋아한다면 조림 요리를 할 때 콩가루를 살짝 뿌려서 넣는 것도 좋아요. 채소를 조릴 때는 물론 생선을 조릴 때도 콩가루는 아주 신통한 역할을 한답니다. 채소에는 고소한 맛을 더해 주고 생선은 비린내를 가시게 해주거든요. 단, 너무 많이 넣지 않도록 조심해야 합니다. 이제부터는 조림 요리 할 때 콩가루를 조금씩 넣어서 조리해 보세요.

쿠킹센스 4
무는 항상 먼저 넣어 익히세요
고등어나 갈치 같은 생선은 너무 오래 조리면 살이 단단해져 맛이 없어집니다. 먼저 무를 올리고 조림 양념을 얹어 무에 간이 밸 정도로 익힌 다음 생선을 넣고 조리세요. 또 생선 조림을 할 때 양념장에 설탕을 넣으면 비린 맛이 강해지므로 설탕 대신 청주, 양파즙, 생강즙 등을 넣는 것이 좋습니다.

쿠킹 자투리 메모
채소 손질과 보관, 이렇게 하세요

1. 양송이 색깔이 뽀얗고 갓이 피지 않은 단단한 것이 좋습니다. 특별한 보관 방법이 없으므로 필요한 양만 구입해서 쓰도록 하세요. 얇게 썰면 수분이 빠져나가 더 얇아지므로 요리에 넣을 때는 약간 도톰하게 써는 것이 좋습니다.

2. 대파 대파의 뿌리는 잘 씻은 뒤 말려 두었다가 고기 삶을 때 이용하면 참 좋아요. 잎 부분은 물론 된장찌개나 육개장 등에 넣으면 좋고요. 대파를 보관할 때는 다듬은 상태로 물기를 닦아 잎과 줄기를 분리한 뒤 신문지에 싸서 비닐 주머니에 담은 후 냉장 보관하면 좋아요.

3. 부추 부추는 누런 부분이 없고 깨끗하게 묶인 단을 골라야 다듬을 때 덜 번거롭지요. 부추를 보관할 때는 물기를 없애고 페이퍼 타월이나 신문지에 얇게 편 다음, 그 위에 종이를 한 겹 더 덮고 돌돌 말아 냉장고에 넣어 두세요.

4. 애호박 겉면은 상처 없이 윤기가 돌고, 속은 씨가 적으며 연한 것이 좋습니다. 볶음 요리를 할 때는 얇게 썰고, 찌개 등의 국물 요리에는 도톰하게 썰어 넣는 게 맛이 좋지요. 비닐 랩에 싸서 냉장고의 채소 칸에 보관하는 것이 가장 좋습니다.

5. 풋고추 풋고추는 어느 요리에 넣어도 잘 어울립니다. 풋고추가 많이 남았을 때는 냉동 보관해 두었다가 찌개에 넣도록 하세요. 적은 양이 남았을 때는 냉장실에 아무것도 싸지 않고 그대로 보관하는 게 좋습니다.

담백하면서도 고소해요
북어조림

말린 북어를 고추장으로 양념하여 조리면 쫄깃하면서도 고소한 맛이 혀끝에 오래도록 남습니다. 고소한 맛이 그리워질 때면 저는 광에 있는 북어를 꺼내어 물에 살짝 불렸다가 매콤 달콤한 고추장 북어조림을 한답니다. 아이들 밥반찬으로도 아주 좋아서 반찬 없을 때 만들면 좋더군요.

:: **준비할 재료**
북어 2마리, 무 50g

> **조림장》**
> 고춧가루 2큰술, 고추장 1큰술, 간장 2큰술, 청주 1큰술, 설탕 2큰술, 다진 생강 1작은술, 다진 마늘 · 다진 파 · 깨소금 · 참기름 1큰술씩, 물 3큰술

:: **이렇게 만드세요**

1. **북어 불려 손질하기** 북어는 살이 많고 통통한 황태로 준비해 물에 담가 부드럽게 불린다. 도마에 불린 북어를 올려놓고 뼈를 발라낸다. 손질한 북어는 몸통을 반으로 가른 다음 3cm 길이로 먹기 좋게 자른다.
2. **무 썰기** 무는 깨끗이 씻어 껍질을 벗긴 뒤 손질한 북어와 비슷한 크기로 도톰하게 썬다.
3. **조림장 만들기** 준비한 분량의 양념을 잘 섞어서 조림장을 만든다.
4. **북어 재우기** 토막내 손질해 놓은 북어에 준비한 조림장의 절반 분량을 고루 발라 양념이 잘 배게 한다.
5. **무 깔고 조리기** 바닥에 무를 깐 다음 그 위에 양념에 재운 북어를 올린다. 냄비 가장자리에 물 ½컵을 둘러 붓고 뚜껑을 덮어 중간 불에서 익힌다.
6. **양념장 끼얹기** 북어가 익기 시작하면 남겨 두었던 절반 분량의 양념장을 끼얹은 후 불을 줄여서 서서히 조린다. 이때 숟가락으로 조림 국물을 떠서 자주 끼얹어 주어 맛이 고루 배도록 한다.

☆ **북어는 살집이 통통한 황태가 좋아요**

황태는 한겨울에 얼었다 녹았다를 반복하면서 오래도록 말린 북어요. 살이 통통한 황태는 물에 살짝 불려 조림을 하면 고소한 맛이 더 잘 살아납니다. 요즘은 약간 덜 말린 '코다리'도 많이 나오지만, 조림을 할 때는 황태가 더 깊고 담백한 맛을 낸답니다.

포슬포슬 매콤한 맛이 일품이죠
감자조림

지금도 감자를 좋아하지만 어린 시절에는 유별나게 감자를 좋아했어요. 씨알 굵은 감자를 굵게 썰어서 고추장 조림을 해먹으면 포슬포슬하면서도 매콤한 맛이 입에 착착 붙어 밥반찬으로 그만이지요. 국물내기용 멸치를 몇 개 집어넣으면 맛이 더욱 깊어집니다.

:: 준비할 재료
감자 3개, 쪽파 3뿌리, 홍고추 1개, 통깨 약간, 물엿(또는 설탕) ½큰술

조림장》
고추장 2큰술, 간장 2큰술, 다진 마늘 1큰술,

:: 이렇게 만드세요
1. **감자 손질하기** 감자는 껍질을 벗겨 크기에 따라 4~6등분하여 썰어 둔다. 조리하는 시간이 길어지면 변색될 수 있으므로 손질한 감자는 물에 담가 둔다.
2. **조림장 끓이기** 고추장과 간장, 다진 마늘을 함께 섞어 물을 조금 붓고 한소끔 끓인다.
3. **감자 넣고 조리기** 양념이 한소끔 끓으면 손질해 놓은 감자와 물엿 또는 설탕을 넣는다. 센 불에서 다시 한소끔 끓어오르도록 한 다음 약한 불로 줄여 조린다. 약한 불로 조릴 때 냄비를 좌우로 흔들어서 감자가 골고루 뒤섞이도록 하면 맛있게 익는다. 감자가 거의 익었을 때 길쭉길쭉하게 썬 홍고추와 쪽파를 넣어 좀더 조린다.
4. **담아 내기** 그릇에 담고 통깨를 뿌려 낸다.

★ **조림장은 미리 끓인 다음에 조리하세요**

감자조림을 하다 보면 다른 일을 하다가 양념을 태우게 되는 경우가 더러 있습니다. 감자가 아직 덜 익어서 설컹거릴 때도 있고요. 감자조림을 만들 때 조림장을 미리 끓여서 맛을 낸 다음 국물을 자작하게 삽아서 조리해 보세요. 그러면 아주 맛있는 조림이 완성된답니다. 기호에 따라 쇠고기나 돼지고기를 깍둑썰기로 썰어서 함께 넣고 조려도 맛이 있지요.

포슬포슬 단맛이 식욕을 살려요
호박조림

노랗게 익기 전의 청둥호박은 조림장을 듬뿍 넣고 조리면 달달하면서도 포슬포슬한 게 맛이 참 좋습니다. 고추장과 고춧가루를 넣어서 조리면 매콤하면서도 칼칼한 맛이 자꾸만 젓가락을 옮기게 만듭니다.

:: 준비할 재료
청둥호박 ½개, 멸치 10개, 쪽파 1뿌리, 물엿(또는 설탕) 1큰술, 깨소금 1큰술, 참기름 1큰술. 대파 ½뿌리

> **조림장 »**
> 간장 ¼컵, 고추장 ½큰술, 다진 마늘 1큰술, 고춧가루 ¼큰술

:: 이렇게 만드세요
1. **호박 손질하기** 호박은 깨끗하게 잘 씻어 감자 한 알 크기로 굵직하게 썬다. 껍질까지 함께 먹어야 맛이 좋아지므로 껍질은 따로 벗기지 않도록 한다.
2. **조림장 끓이기** 고추장과 간장, 파, 마늘을 함께 섞은 후 물 4큰술을 붓고 끓인다. 한소끔 끓으면 멸치를 넣어 좀더 끓인다.
3. **호박 넣고 조리기** 양념이 한소끔 끓으면 썰어 놓은 호박을 넣고 물엿 또는 설탕 물 1큰술을 부어 센 불에서 끓인다. 한소끔 끓어오르도록 한 다음 약한 불로 줄여 조리고, 마지막에 깨소금과 참기름을 넣는다.
4. **담아 내기** 호박이 익으면 그릇에 담고 송송 썬 쪽파를 얹어 낸다.

⭐ **호박은 회복기 환자에게 참 좋대요**

늙은호박은 부기를 빼는 데 효험이 있다고 해서 산모들에게 많이 달여서 먹이던 식품이죠. 호박은 소화 흡수가 잘 되는 식품이므로 위장이 약하거나 회복기에 접어든 환자들에게 아주 좋다는군요. 호박의 녹말은 감자와 성질이 비슷하므로 반드시 익혀 먹는 게 좋다고 합니다.

보너스 요리

김치꽁치조림

준비할 재료
꽁치 2마리, 김치 ¼쪽, 참기름 1작은술
조림장(고춧가루 1큰술, 간장 2큰술, 설탕 1큰술, 대파 ½뿌리, 다진 마늘 ½작은술)

이렇게 만드세요
1. **꽁치 손질하기** 꽁치는 머리와 내장을 빼서 손질한 다음 크기에 따라 2~3토막으로 자른다. 꽁치가 없을 때는 통조림을 써도 되는데 통조림 꽁치는 체에 밭쳐 물기를 빼 놓았다가 사용한다.
2. **김치 손질하기** 김치는 소를 잘 털어 낸 다음 먹기 좋은 크기로 썬다.
3. **조림장 만들기** 고춧가루, 간장, 설탕, 송송 썬 대파, 다진 마늘을 함께 섞어 조림장을 만들어 놓는다.
4. **조리기** 냄비에 김치와 꽁치를 켜켜이 얹은 다음 준비한 양념장을 끼얹어 은근한 불에서 조린다. 마지막으로 참기름을 넣어 맛을 살린다

열무김치멸치조림

준비할 재료
잘 익은 열무김치 200g, 멸치 10마리, 다진 마늘 1큰술, 식용유 2큰술, 양파 ½개
설탕 1작은술, 참기름 1작은술

이렇게 만드세요
1. **열무김치 손질하기** 잘 익은 열무김치는 양념을 털어 낸다. 김치를 그대로 써도 되고, 먹기 좋은 크기로 썰어도 된다.
2. **양파 썰기** 양파는 껍질을 까고, 굵게 채 썬다.
3. **열무김치 볶기** 냄비에 식용유를 두르고, 손질해 둔 열무김치를 넣어 잘 볶는다.
4. **멸치 넣고 조리기** 볶은 열무 김치에 물 2컵을 붓고, 멸치와 다진 마늘, 채 썬 양파, 설탕을 넣고 은근한 불에서 조린다. 마지막으로 참기름을 넣고 불을 끈다.

입 안에서 감도는 야들야들 매콤한 맛!
두부조림

두부는 집에서 직접 만들어 먹는 것이 맛이 가장 좋습니다. 하지만 요즘 같은 세상에 이렇게 번거로운 일을 하기란 여간 어려운 일이 아니지요. 예전 집에서 만들어 먹던 맛은 아니지만, 그래도 두부는 영양가도 높고 여러 가지로 요리를 해먹을 수 있는 좋은 재료라 저는 아주 좋아합니다. 얌전하게 상에 내고 싶을 때는 두부조림을 해보세요.

∷ 준비할 재료
두부 1모, 소금·통깨 약간씩, 실파 1뿌리, 식용유 2큰술

조림장》
간장 ¼컵, 고추장 ½큰술, 고춧가루 ¼큰술, 설탕 1큰술, 깨소금 1큰술, 참기름 1큰술, 다진 마늘 1큰술, 물 4큰술

∷ 이렇게 만드세요
1. **두부 썰기** 두부는 1cm 두께로 얄팍하게 썬 다음 소금을 살짝 뿌려 밑간을 해놓는다.
2. **노릇하게 지지기** 두부에 소금간이 들어가 두부가 단단해지면 행주로 물기를 닦은 후 달군 프라이팬에 기름을 두르고 노릇노릇하게 지진다. 프라이팬 바닥에 닿은 두부 밑면을 충분히 지진 다음 뒤집도록 한다.
3. **조림장 만들기** 준비한 간장, 고추장 등의 분량의 재료를 고루 섞어 매콤 달콤하게 양념장을 만든다.
4. **조리기** 냄비에 두부를 넣고 그 위에 조림장을 부은 후 센 불에서 끓인다. 한소끔 끓어오르면 국물이 자작해지도록 약한 불에서 조린다. 은근하게 조릴 때 숟가락으로 국물을 떠 부어 가며 조려야 간이 잘 배어 맛있게 조려진다. 마지막에 통깨를 뿌린다.

☆ 두부 양념장 쉽게 만들려면
두부는 양념장만 있으면 별다른 조리를 하지 않아도 맛 좋은 간식거리나 별미 요리가 되지요. 양념장은 간장, 고춧가루, 통깨, 참기름과 송송 썬 쪽파만 있으면 그만이에요. 이들 재료를 잘 섞어 두었다가 두부를 끓는 물에 살짝 데쳐서 부드럽게 한 다음, 직사각형으로 썰어서 그 위에 끼얹으면 맛있는 두부 요리가 되지요.

쫄깃한 맛과 걸쭉한 국물 맛의 조화!
닭매운조림

고추장 민속마을로 이사 오기 전까지는 뒷마당에 닭을 놓아 키웠습니다. 봄철에 사다 놓은 병아리들이 여름철이 되면 제법 자라 중닭이 되었지요. 손님이 찾아오시면 마당에 돌아다니는 녀석 중 한 마리를 잡아서 대접하곤 했어요. 중닭으로 조림을 하면 쫄깃하면서도 부드러운 맛이 참 좋답니다.

:: 준비할 재료
닭(중간 크기) 1마리, 감자 2개, 당근 ½개, 양파 ½개, 홍고추 2개, 풋고추 1개, 마늘·잣·쪽파 약간씩

> **조림장 »**
> 간장 1큰술, 고추장 2큰술, 고춧가루 1큰술, 설탕 2큰술, 다진 파·다진 마늘 1큰술씩, 다진 생강 ½큰술, 청주 1큰술, 참기름 1큰술, 후춧가루 약간

:: 이렇게 만드세요

1. **재료 손질하기** 닭은 먹기 좋은 크기로 토막을 낸 다음 깨끗이 씻어 찬물에 담가 놓는다. 감자와 당근은 껍질을 벗겨 닭고기 크기로 큼직하게 썰고 홍고추와 풋고추는 어슷하게 썬다. 양파는 큼직하게 채 썬다. 마늘은 저미고 쪽파는 송송 썬다.
2. **조림장 만들기** 간장, 고추장, 설탕, 다진 파 등의 분량의 재료를 한데 섞어 조림장을 만든다.
3. **양념하기** 준비한 닭과 채소, 분량의 재료로 만든 조림장을 모두 섞어 간이 잘 배도록 손으로 잘 버무린다.
4. **물 붓고 조리기** 냄비에 양념한 닭을 넣고 물을 넉넉하게 부은 뒤 뚜껑을 덮어 중간 불에서 서서히 익힌다. 국물을 끼얹어 가며 국물이 자작해질 정도로 조린다. 어느 정도 닭이 익었을 때 저민 마늘, 잣, 파를 넣어 좀더 조린다.
5. **담아 내기** 국물을 최대한 조린 다음 닭조림을 그릇에 담아 낸다.

★ **닭매운조림에는 감자가 들어가야 맛이 진해져요**

감자는 녹말이 풍부하게 들어 있는 식품이에요. 그래서 조림 요리를 할 때는 어느 재료든 감자를 넣으면 맛이 달콤하면서도 국물 맛이 걸쭉해지는 효과가 있지요. 특히 닭 요리에는 감자의 담백하면서도 달콤한 맛이 참 잘 어울린답니다.

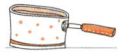

칼칼하면서 담백한 맛이 최고예요
조기조림

조기는 머리 속에 2개의 돌이 다이아몬드 모양으로 박혀 있는 것이 진짜예요. 뱃살에 노란색 기름기가 도는 참조기는 매운탕을 끓여도, 조림을 해도, 아니면 그냥 구워 먹어도 맛이 아주 좋지요. 특히 매운탕이나 조림을 하면 국물에 기름기가 둥둥 뜨는 게 절로 군침이 돌게 합니다.

:: 준비할 재료
조기 2마리, 무 ½개, 소금 1큰술, 간장 약간

> **조림장**》
> 간장 1큰술, 국간장 1큰술, 고추장 1큰술,
> 고춧가루 1½큰술, 설탕 1작은술, 청주 2큰술,
> 다진 파 2큰술, 다진 마늘 1큰술, 깨소금 1작은술,
> 참기름 1큰술

:: 이렇게 만드세요
1. **조기 손질하기** 조기는 비늘을 긁어 내고 아가미를 떼어 낸 다음 깨끗이 씻어 몸통에 잔 칼집을 넣는다. 소금을 슬쩍 뿌려 1시간 정도 밑간을 해 둔다.
2. **무 손질하기** 무는 깨끗이 씻어 약간 도톰한 두께로 나박나박하게 썬다.
3. **조림장 만들기** 간장과 국간장, 고추장, 고춧가루 등 준비한 재료를 골고루 섞어 조림장을 만든다.
4. **조기 넣고 조리기** 바닥이 두꺼운 냄비를 골라 나박썰기한 무를 바닥에 깐 후 조기를 넣는다. 양념장을 고루 끼얹은 다음 뚜껑을 덮고 중간 불에서 익힌다. 끓어오르기 시작하면 간을 보아 간장으로 간을 맞춘다. 중간 중간 골고루 양념이 배도록 양념장을 끼얹어 가면서 조린다.

★ 조기는 몸이 찬 사람들에게 좋대요

조기는 성질이 따뜻해서 몸이 찬 사람들에게 좋답니다. 특히 몸이 차면서 위장 기능이 약해 만성적인 설사나 식욕부진으로 고생하는 사람들이 먹으면 이런 증상이 완화된다는군요. 몸이 찬 분들께는 매콤한 조기조림을 많이 드시게 하세요.

고소한 살과 칼칼한 양념 맛
갈치조림

초겨울 김장철이 되면, 살이 통통하게 오른 갈치가 장에 많이 나옵니다. 갈치는 고소한 맛이 일품인 생선이죠. 제철에 나오는 갈치로 매콤하게 조림을 하면 감칠맛이 그만이에요. 몸을 훈훈하게 해주는 매콤하면서도 고소한 갈치조림. 찬바람이 불어 오는 초겨울에는 밥상에 갈치조림을 올려 추위를 몰아내세요.

:: 준비할 재료
갈치 1마리, 무 ⅓개, 대파 1뿌리, 풋고추 2개, 시래기 100g, 간장 약간

조림장
간장 2큰술, 설탕 1큰술, 고춧가루 2큰술, 다진 마늘 1큰술, 생강즙 ½작은술, 소금·설탕 약간씩

:: 이렇게 만드세요
1. **갈치 손질하기** 갈치 표면의 은색 비늘을 긁어 내고 머리와 내장을 제거한 다음 지느러미를 자른다. 손질한 갈치는 흐르는 물에 씻은 다음 6~7cm 길이로 자른다.
2. **채소 손질하기** 무는 1~1.5cm 두께로 큼직하게 썰고, 대파와 풋고추는 어슷썰기한다.
3. **조림장 만들기** 분량의 재료를 넣고 조림장을 만든다.
4. **무와 시래기 익히기** 무와 시래기를 냄비에 넣고 물 2컵과 간장 약간을 넣은 다음 투명한 빛이 돌도록 끓인다.
5. **갈치 조리기** 무가 익으면 불을 줄이고 조림장과 갈치를 넣은 다음 냄비 뚜껑을 조금만 열고 약한 불에 서서히 익힌다. 센 불에서 끓이면 조리 시간이 빨라져서 좋지만 갈치에 양념장과 무의 시원한 맛이 배어들지 않으므로 약한 불에서 오래 익히는 것이 좋다. 갈치에 간이 고루 배도록 조림장 국물을 끼얹어 가면서 조린다.
6. **대파, 풋고추 얹기** 갈치가 익으면 대파와 풋고추를 넣고 다시 한 번 한소끔 끓여 맛을 낸다.

★ **몸에 잔 칼집을 넣으면 양념 맛이 골고루 배어들어요**
갈치를 손질할 때 표면에 은빛 나는 비늘은 칼로 긁어 버리는 것이 음식을 깔끔하게 하는 비결이죠. 또 손질한 갈치의 몸통에 적당한 간격으로 칼집을 넣어 두면 양념이 골고루 배어들어 맛이 좋아집니다. 양념 조림을 할 때 갈치를 미리 조림장에 재워 두었다가 조리하는 것도 좋습니다. 그러면 맛이 더욱 깊어지지요.

매콤달콤, 고소한 조림 국물
고등어조림

고등어와 말린 고구마 줄기는 맛이 잘 어울리는 재료입니다. 매콤한 고등어조림을 할 때 고구마 줄기를 한 번 넣어 보세요. 조림 국물을 조금 넉넉하게 잡으면 맛이 한결 좋아진답니다. 양파를 잘게 채 썰어 넣으면 비린내가 사라진답니다.

:: 준비할 재료
고등어 1마리, 무 ¼개(또는 고구마 줄기 100g) 홍고추 2개, 풋고추 3개, 양파 1개, 대파 1뿌리

조림장》
간장 2큰술, 설탕 1큰술, 고춧가루 ½큰술, 고추장 1큰술, 다진 마늘 1큰술, 청주 1큰술, 다진 생강 1작은술, 후춧가루 약간

:: 이렇게 만드세요

1. **고등어 손질하기** 고등어는 싱싱한 것을 골라 깨끗이 씻은 후 4~5cm 길이로 토막낸다. 등 쪽에 칼집을 넣으면 속살까지 잘 익고 간도 맛있게 배어든다.
2. **무 썰기** 무는 손질해 씻어 껍질을 벗긴 다음 사방 5cm 크기로 도톰하게 썬다. 무를 깔면 생선이 타는 것을 막을 수 있을 뿐만 아니라 무 역시 별미가 되어 먹기에 좋다.
3. **채소 손질하기** 씨를 턴 고추와 대파는 큼직하게 어슷 썬다. 양파는 굵직하게 채 썬다.
4. **조림장 만들기** 오목한 그릇에 분량의 재료를 넣고 잘 섞어서 조림장을 만든다. 무 대신 고구마 줄기를 넣을 경우 조림장 절반 분량을 고구마 줄기에 넣어 미리 양념해 둔다.
5. **조림하기** 냄비에 무와 양파를 깔고 조림장을 반 정도 끼얹고 고등어를 넣는다. 조림장을 마저 끼얹고 물 ½컵을 부어 처음에는 센 불에서 한 번 끓인 다음 약한 불에서 간이 잘 배어들도록 양념장을 끼얹어 가며 서서히 조린다. 조림장이 졸아들면 고추와 파를 넣고 좀더 조린다.

★ **고등어조림에 양파채를 넣으면 맛이 깔끔해져요**

등푸른생선의 대명사인 고등어는 단백질과 지방이 풍부한 영양가 높은 식품입니다. 특히 한창 자라나는 어린이나 기력이 약해진 노인들에게 아주 좋은 생선이죠. 고등어조림을 할 때는 냄비 바닥에 무와 양파채를 함께 깔도록 하세요. 그러면 비린내가 가시고 맛이 훨씬 산뜻해진답니다.

달콤하면서도 아삭거리는 맛
무조림

가을 무는 인삼보다 영양가가 높다지요. 가을이 되면 시원한 물이 흐르는 무를 넣고 조림을 자주 해먹습니다. 달콤하면서도 아삭거리는 조림 맛이 입 안에 들어가서 행복을 느끼게 합니다.

:: 준비할 재료
무 1개, 멸치(국물내기용) 20개

조림장》
간장 3큰술, 고춧가루 3큰술, 설탕 1큰술, 깨소금 1큰술, 다진 마늘 1큰술, 참기름 1큰술

:: 이렇게 만드세요
1. **멸치 국물내기** 냄비에 멸치를 넣고 물 3컵을 부은 뒤 끓여 멸치 국물을 낸다.
2. **무 썰기** 무를 깨끗이 씻어 가로 세로 3cm 크기로 도톰하게 썬다.
3. **무 데치기** 무를 끓는 물에 5분 정도 넣어서 살짝 익도록 데쳐 낸다.
4. **무 조리기** 멸치 국물에 준비한 조림장을 넣고 한소끔 끓인 다음 데쳐 놓은 무를 넣고 끓인다. 무가 끓으면 뚜껑을 열어 조림장을 자주 끼얹어 가면서 약한 불에서 무에 윤기가 돌 때까지 조린다.

★ **무조림을 더 맛있게 하려면**
무를 조릴 때는 붉으면서도 투명한 빛깔이 돌게 조리는 것이 중요합니다. 먼저 냄비에 국물내기용 멸치를 넣고 물을 부어 한소끔 끓이세요. 이렇게 멸치 국물을 만든 다음 무를 집어넣으면 고소한 맛이 돌면서 깔끔한 무조림이 만들어진답니다.

보너스 요리

병어조림

준비할 재료
병어 2마리, 무 ½개, 홍고추 1개, 풋고추 1개, 대파 1뿌리
양념장(간장 4큰술, 고춧가루 1큰술, 다진 마늘 1큰술, 다진 생강 1큰술, 설탕 1큰술, 청주 1큰술, 후춧가루 약간)

이렇게 만드세요
1. **병어 손질하기** 병어는 비늘을 긁어 낸 다음 내장을 빼고, 지느러미와 꼬리를 잘라 낸다. 소금을 뿌려 적당히 간하여 크게 2등분한다.
2. **채소 손질하기** 무는 도톰하게 나박 썰고 풋고추, 홍고추, 대파는 큼직하게 어슷 썬다.
3. **양념장 만들기** 간장에 고춧가루, 다진 마늘, 다진 생강, 설탕, 청주, 후춧가루를 분량대로 넣고 고루 섞어 양념장을 만든다.
4. **무 익히기** 냄비에 무를 깔고 물 1컵을 부은 다음 준비한 양념장을 조금 덜어 넣어 끓인다.
5. **병어 넣고 조리기** 무가 반쯤 익으면 밑간해 둔 병어를 넣고 양념장을 한 켜 얹은 다음 풋고추와 홍고추, 대파를 얹는다. 그런 다음 남은 양념장을 모두 끼얹어 국물이 졸아들 때까지 조린다.

명태포조림

준비할 재료
명태포 200g
양념장(고춧가루 1큰술, 다진 파 1큰술, 청주 1큰술, 간장 2큰술, 다진 마늘 1큰술, 설탕 1작은술, 참기름 1작은술, 깨소금 약간)

이렇게 만드세요
1. **명태포 손질하기** 명태포를 물에 담가 불린 후 4cm 길이로 썬다. 대각선으로 칼집을 넣는다.
2. **양념장 만들기** 준비한 양념장 재료에 물 ½컵을 넣고 양념장을 만든다.
3. **명태포 넣고 조리기** 냄비에 명태포와 양념장을 넣고 중간 불에서 은근하게 조린다. 명태포가 익으면 간이 배어 들도록 약한 불에서 잘 조린다.

얼큰한 맛, 입맛이 산다!

무침 & 볶음

PART 4

주부들이 가장 자주 하는 반찬이 바로 무침 아닐까요?
고추장을 넣고 슬슬 무치기도 하고, 된장을 넣어 조물조물 무치기도 하고…….
그마저 마땅치 않을 때는
여러 재료를 한데 섞어 볶음 요리를 하기도 하죠.
무침과 볶음, 주부의 손맛을 담아 더욱 맛있게 만드는 비결을 알아볼까요?

요리 재료는 4인분 기준입니다.

무침 요리 이렇게 하면 더 맛있어요

무침 요리는 정갈하면서도 맛깔스럽게 만들어야 합니다. 재료의 고운 색을 살려서 상에 올리면 음식이 맛있어지는 비결이죠.

쿠킹센스 1
채소를 데칠 때 소금을 넣으세요

무침 요리의 기본은 채소를 잘 데치는 것이지요. 채소를 데칠 때는 넉넉한 물에 소금을 약간 넣고 데치세요. 그러면 영양소 파괴도 줄이고, 고운 파란 색도 살릴 수 있어 좋아요. 데칠 때는 물이 팔팔 끓을 때 채소를 넣고, 파랗게 데쳐지면 곧바로 찬물에 헹궈야 해요.

쿠킹센스 2
마늘은 칼 편으로 눌러 곱게 다지세요

마늘은 곱게 다지지 않으면 음식에 넣었을 때 먹음직스런 모양새가 되지 않아요. 데친 나물을 무칠 때도 다진 마늘을 그대로 넣으면 지저분해 보이지요. 이럴 땐 마늘을 잘 다진 다음 칼 편으로 문질러 곱게 만들어 넣으면 마늘의 입자가 곱게 뭉그러져서 무침 요리에 넣었을 때 정갈해 보인답니다.

새콤 달콤 무침 & 볶음…
더 맛있게 만드는 비법

주부들이 늘 하는 음식은 무침이나 볶음 요리일 거예요. 어떤 재료든 바로 양념하여 만들면 뚝딱 반찬 하나가 완성되니 반찬 없을 때 자주 하게 되지요. 하지만 무침이나 볶음은 쉬운 듯하면서도 제 맛 살리기가 어려워서 의외로 자신 없어 하는 주부들이 많더군요. 무침과 볶음 요리 맛깔스럽게 하는 아이디어를 소개해 드릴게요.

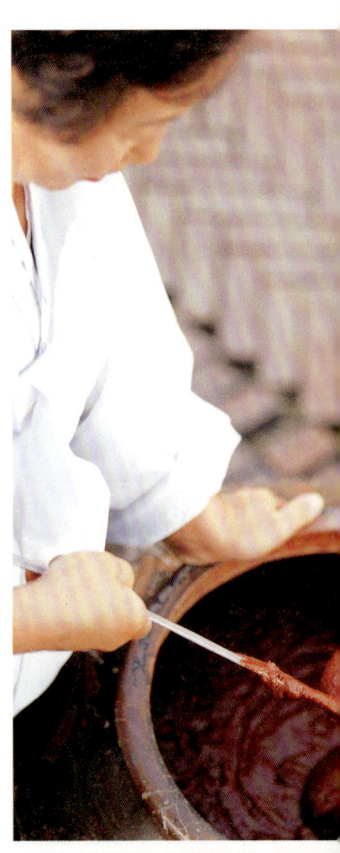

쿠킹센스 3
볶음 나물은 애벌간을 한 다음에 볶으세요

가을철에 잘 말려 둔 시래기 등의 말린 나물은 대개 물에 불렸다가 볶거나 무치게 되지요. 말린 나물은 비타민과 철분이 듬뿍 들어 있어서 몸에도 이로울 뿐만 아니라 특유의 향과 맛이 살아나서 가족들의 입맛을 살리는 데 그만이죠. 나물을 볶을 때는 미리 양념장에 나물을 무쳐 애벌간을 한 다음 볶아야 간이 잘 배고, 양념이 골고루 배어들어 먹음직스러워 보인답니다. 나물을 볶으면서 양념을 넣으면 간이 골고루 배어들지 않아 감칠맛이 떨어지거든요.

쿠킹센스 4
단단한 채소는 껍질을 제거한 다음에 조리를 하세요

껍질이 단단한 채소는 반드시 껍질을 제거한 다음 조리해야 해요. 단호박, 늙은호박, 연근, 우엉 등 껍질이 딱딱한 채소나 떫은맛이 나는 채소는 겉껍질을 벗기고 씨를 없앤 다음에 요리를 해야 쓴맛이나 떫은맛을 없앨 수 있다는 것을 잊지 마세요.

쿠킹센스 5
겉절이를 할 때는 식초를 너무 많이 넣지 마세요

나물을 겉절이로 무칠 때 식초를 넣으면 상큼한 맛이 살아나서 맛이 아주 좋지요. 하지만 식초를 너무 많이 넣으면 신맛이 강해져서 나물의 향긋한 맛이 사라지기 쉬우므로 겉절이를 할 때는 식초를 조금만 넣고 무쳐야 좋은 맛을 느낄 수 있답니다.

쿠킹센스 6
빨간색을 내려면 고춧가루를 먼저 넣고 무치세요

겉절이를 하거나 생채를 할 때는 소금에 절였다가 물기를 뺀 다음 양념장에 버무리는 것이 보통 조리법이죠. 하지만 빨간색을 살려서 음식을 먹음직스럽게 보이게 하려면 먼저 고춧가루를 넣고 살살 버무린 다음에 다른 양념을 넣는 게 좋습니다.

쿠킹센스 7
냉채는 먹기 직전에 버무리세요

냉채는 시원하고 아삭한 맛이 나야 하는 게 가장 중요하지요. 손질한 채소를 단촛물에 담갔다가 건진 다음 냉장고에 넣어 시원하게 해두세요. 이렇게 해서 상에 올리기 직전에 버무려 내면 상큼한 맛이 한결 강해지죠. 물론 냉채를 무치는 양념장도 차게 해서 버무려야 더 맛이 좋아진답니다.

볶음요리 이렇게 하면 더 맛있어요

볶음 요리는 재료마다 다른 조리법을 사용해야 음식 맛이 더 좋아진다는 것, 알고 계시나요?
고기는 종류에 따라 밑간을 달리 해야 하고, 단단한 채소는 살짝 데친 다음 볶아야 맛이 좋아진답니다.

쿠킹센스 1
단시간에 재빨리 볶아야 제 향이 살아나요

볶음 요리를 맛있게 하기 위해서는 불 조절을 잘 하는 게 중요합니다. 가장 중요한 게 센 불에서 재빨리 볶는 것이죠. 재빨리 볶아 내려면 음식을 볶기 전에 모든 재료를 미리 준비 두어야 한답니다. 재료 손질, 양념장, 담을 그릇까지 가스레인지 옆에 모두 준비해 두면 조리 시간이 단축되겠지요.

쿠킹센스 2
고기 종류별로 밑간을 다르게 하세요

쇠고기, 돼지고기 등의 붉은살 고기는 생강, 술, 간장으로 밑간을 해야 고기 맛이 부드럽고 더 맛이 있어지죠. 닭고기처럼 담백한 맛이 나는 흰살 고기는 소금, 생강즙, 술로 밑간해야 누린내와 잡 냄새가 없어지고요. 이렇게 알맞게 밑간을 한 다음 고기를 볶으면 간이 잘 스며들어 있어서 고기에서 깊은 맛이 살아나지요.

쿠킹센스 3
단단한 채소는 살짝 데친 다음 볶으세요

마늘종, 무청, 무, 감자 등 익히는 데 시간이 오래 걸리는 단단한 채소는 볶기 전에 먼저 살짝 데친 다음 재빨리 볶아 내는 게 맛있게 요리를 하는 비결이랍니다. 이들 채소는 오래 볶으면 채소 고유의 색깔도 변하고 아삭하게 씹는 맛이 사라지거든요.

쿠킹센스 4
해물 요리는 양념장에 재운 다음에 볶으세요

해물로 볶음 요리를 할 때는 미리 양념장에 재웠다가 간이 충분히 배면 단시간에 볶아 내는 게 좋아요. 이렇게 조리를 하면 해물 고유의 쫄깃한 맛이 살아나거든요. 또 해물을 볶다 보면 나중에 국물이 많이 생겨 음식이 볼품 없어지기 쉬운데, 녹말물을 한 숟가락 정도 넣으면 국물이 걸쭉해지면서 물기가 없어져서 한결 먹음직스러워진답니다.

쿠킹센스 5

채소 볶음 요리는 재료마다 간을 따로 하세요

채소는 저마다 섬유질의 성질이 다르므로 간을 따로 해서 볶음 요리를 하는 게 좋습니다. 채소를 한꺼번에 섞어 넣고 볶으면서 간을 하게 되면 재료마다 익는 시간이 달라서 음식이 고루 익지도 않을뿐더러 간도 충분히 배어들지 않거든요. 재료마다 간을 따로 한 다음 오래 익혀야 하는 것부터 차례로 넣어 볶으면 음식이 한결 맛있고, 볼품 있어진답니다.

쿠킹센스 6

양념에도 순서가 있어요

볶음 요리는 파나 마늘을 먼저 넣고 소금과 간장으로 간을 맞춘 다음 설탕을 나중에 넣는 게 좋아요. 물론 고명으로 올리는 통깨나 잡 냄새를 없애 주는 후춧가루, 참기름 등은 불에서 내리기 직전에 넣는 게 좋답니다. 특히 건어물을 볶을 때는 건어물과 청주, 마늘을 먼저 볶다가 간장, 설탕 순으로 넣어서 볶도록 하세요.

쿠킹 자투리 메모

나물은 이렇게 말리세요

1. 취나물 취나물은 연한 것으로 골라 깨끗이 다듬는다. 자연산 취나물은 쓴맛이 강하므로 끓는 물에 소금을 넣고 데쳐서 찬물에 재빨리 담가 식힌 다음 덩어리지지 않게 떼어 가면서 말린다. 물에 충분히 불리고 끓는 물에 데쳐 부드럽게 만든 후에 나물을 볶는다.

2. 고춧잎 제철인 여름에 연한 것으로 골라 말린다. 끓는 물에 소금을 조금 넣고 파랗게 삶아서 물기를 꼭 짠 다음 그늘에서 바싹 말려 둔다. 수분 없이 바짝 말린 고춧잎은 대바구니에 담아 보관하는데, 먹을 때는 물에 충분히 불려서 부드럽게 한 뒤 끓는 물에 데쳐 무쳐 먹거나 볶아 먹는다.

3. 고구마 줄기 여린 것으로 골라 껍질을 벗기고 끓는 물에 소금을 약간 넣어 데친다. 대바구니에 잘 펴서 통풍이 잘 되고 햇볕이 잘 드는 곳에서 바짝 말린 다음 한 번 먹을 양만큼씩 묶어 습기 차지 않게 보관한다. 말린 고구마 줄기는 물에 담가 부드럽게 불려 데친 다음 찬물에 한동안 담갔다가 쓴다.

4. 무 가을부터 초겨울까지의 무는 달고 아삭한 맛이 특히 좋다. 무가 가장 맛있을 때 얇게 썰어 햇볕에 바짝 말린 다음 밀봉해 두고 먹는다. 무말랭이는 데치지 않고 생으로 말리는 나물이므로 요리할 때 물에 오래 담가 두면 나물의 조직이 풀어져 맛이 없어진다. 미지근한 물에 10분 정도만 담갔다가 바로 조리해 먹는다.

달콤 쌉싸래한 깊은 맛을 즐겨요
머위나물무침

머위는 그늘지고 습기가 있는 곳에서 잘 자라는 식물입니다. 제가 사는 곳에서는 '머구대'라는 이름으로 부르기도 하지요. 쌉싸래한 맛이 감도는 머위잎과 달착지근하면서도 떫은맛이 일품인 머위대는 봄과 여름철, 떨어진 입맛을 살려 주는 데에 아주 그만인 독특한 맛의 채소랍니다.

:: 준비할 재료
머위 300g, 참기름 1작은술, 깨소금 1큰술, 소금 약간

> **양념장**》
> 된장 2큰술, 고춧가루 1작은술, 다진 마늘 1작은술

:: 이렇게 만드세요
1. **머위 손질하기** 머위는 중간 크기로 준비해 도마 위에 소금을 약간 뿌린 다음 문질러 씻는다.
2. **머위 삶기** 손질한 머위를 끓는 물에 삶아서 찬물에 담가 놓는다.
3. **머위 물기 빼기** 껍질을 벗겨 잘 손질한 머위를 흐르는 물에 씻어 물기를 빼놓는다.
4. **무치기** 손질해 놓은 머위잎에 된장과 고춧가루, 다진 마늘을 넣어 무친 다음 깨소금, 참기름을 넣어 맛을 낸다.

★ **머위대의 껍질을 쉽게 벗기려면**
머위대를 조리할 경우, 머위대를 잘 삶으려면 먼저 붙어 있는 잎을 떼 내야 합니다. 그런 다음 팔팔 끓는 물에 머위대를 뿌리부터 집어넣고 삶으면 껍질이 잘 벗겨지죠. 머위는 칼슘과 비타민이 골고루 들어 있으므로 자주 드시면 좋습니다.

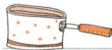

알싸하면서 쫄깃쫄깃 새콤해요
홍어무침

전라도 사람들, 홍어 참 좋아하지요. 회를 떠서 무치기도 하고, 초고추장에 찍어 먹기도 하고, 때로는 양념장을 끼얹어 찌기도 하죠. 어떤 것 하나 버릴 것이 없는 홍어로 오늘 저녁, 맛난 회를 무쳐 보는 것은 어떨까요? 잃었던 입맛 확 돌아오게 하는 데, 이만한 게 없더라고요.

: : 준비할 재료
홍어 1마리(보통 크기), 무 1개, 미나리 1단, 배 ½개, 소금 1큰술, 식초 ½컵, 고춧가루 3큰술, 송송 썬 쪽파 약간

> **양념장》**
> 고추장 1큰술, 간장 ½큰술, 설탕·깨소금 1큰술씩, 식초 1큰술, 소금 1작은술, 참기름 1작은술, 쪽파 ⅔뿌리, 마늘 4톨

: : 이렇게 만드세요

1. **홍어 손질하기** 홍어 목의 뼈 부분에 칼집을 내어 껍질을 잘 벗긴 다음 내장을 제거해 깨끗이 씻어 건진다. 물기를 닦아 낸 후 굵직하게 채 썰어 식초를 넣고 버무린다. 1시간 이상 재워 둔다.
2. **채소 손질하기** 무는 약간 굵게 채 썰어 소금에 절인다. 미나리는 잘 다듬어 5cm 정도로 썰어 둔다.
3. **배 썰기** 배는 껍질을 벗기고 씨를 파낸 다음 무와 같은 크기로 썬다.
4. **무, 미나리, 배 무치기** 절인 무의 물기를 꼭 짠 다음 미나리, 배와 함께 고춧가루로 골고루 버무린다
5. **양념장 만들기** 파와 마늘을 깨끗이 씻어 곱게 다진 후 분량을 맞춘 다른 양념장 재료와 섞어서 양념장을 만든다.
6. **홍어 무치기** 식초에 재워 두었던 홍어를 꼭 짠 다음 채소 무친 것과 함께 준비해 둔 양념장을 넣고 골고루 주물러 무친다. 미나리 특유의 향긋한 냄새가 싫다면 대신 오이를 채 썰어 함께 넣어도 맛이 좋아진다. 송송 썬 쪽파를 뿌려 낸다.

★ **홍어회 무침 더 맛있게 하려면**
홍어회 무침은 미나리와 무생채의 비율이 중요해요. 미나리를 너무 많이 넣으면 홍어의 톡 쏘는 칼칼한 맛이 줄어들고, 무를 너무 많이 넣으면 단맛이 많이 나서 맛이 떨어지거든요. 홍어 보통 크기 한 마리에 무 1개, 미나리 1단 정도의 비율로 무침을 해야 맛이 가장 좋습니다.

새콤달콤 얼얼한 맛
골뱅이 무침

맥주 안주에 제격인 골뱅이 무침, 새콤달콤하게 무쳐서 소면과 곁들이면 참 좋은 먹거리가 됩니다. 골뱅이 통조림과 대파, 양파만 있으면 해결되는 무난한 손님 접대 요리랍니다. 입맛이 없을 때도 간식으로 준비하면 참 좋더군요.

:: 준비할 재료

골뱅이 400g, 대구포 50g, 오이 ½개, 당근 ½개, 양파 1개, 대파 2뿌리, 깻잎 10장, 날치알 50g, 참기름·통깨 약간씩

> **양념장》**
> 고추장 1큰술, 고춧가루 2큰술, 설탕 1큰술, 식초 2큰술, 다진 마늘 1작은술

:: 이렇게 만드세요

1. **골뱅이 준비하기** 골뱅이는 건더기만 따라 채에 받쳐둔다. 골뱅이가 너무 큰 경우 반으로 잘라서 준비한다.
2. **대구포 불리기** 딸아낸 골뱅이 국물에 대구포를 담가 살짝 불린 다음 건져 물기를 꼭 짜놓는다.
3. **채소 썰기** 오이는 반으로 어슷썰고, 대파는 길게 채썰고, 양파는 두껍게 썰어 준비한다.
4. **양념 버무리기** 준비한 양념을 한데 섞어 잘 버무려 놓는다.
5. **무치기** 골뱅이와 북어포, 야채를 넣고 분량의 양념에 잘 무친 다음 깻잎을 접시 가장자리에 돌린 다음 날치알과 함께 접시에 낸다.

★ **골뱅이를 깻잎에 싸드세요**

골뱅이 하면 떠오르는 게 소면 곁들이죠. 소면이 없거나 신선한 맛을 즐기고 싶을 때는 골뱅이를 깻잎에 싸먹어도 산뜻합니다. 날치알이 있다면 날치알을 함께 올리면 입안에서 날치알이 톡톡 터지는 식감이 색다르답니다.

아삭아삭 개운해 입맛 돌아요
콩나물무침

콩나물은 비타민C가 풍부한 식품이라고 하더군요. 콩나물로 만들 수 있는 가장 쉬운 요리는 역시 국이지만 무침에도, 찜에도 빠질 수가 없는 게 바로 콩나물이죠. 미나리 역시 상큼한 맛이 입맛을 돋게 만들어요. 아삭아삭 씹히는 맛이 일품인 콩나물과 상큼한 미나리로 오늘 저녁 우리 집 식탁에 비타민C를 풍부하게 올려 볼까요?

:: 준비할 재료
콩나물 200g, 고춧가루 1작은술, 다진 파 1작은술, 다진 마늘 1작은술, 소금 1작은술, 깨소금·참기름 약간씩

:: 이렇게 만드세요
1. **콩나물 다듬기** 콩나물을 깨끗하게 잘 다듬어서 씻어 둔다.
2. **데치기** 잘 다듬은 콩나물을 끓는 물에 넣어 삶는다. 삶는 중간에 뚜껑을 열면 비린내가 나므로 잘 익었는지 냄새로 살핀다.
3. **콩나물 식히기** 데친 콩나물은 물기를 빼내면서 그대로 식힌다.
4. **무치기** 고춧가루, 파, 마늘, 소금, 깨소금, 참기름을 넣고 조물조물 무친다. 너무 많이 주무르면 콩나물이 물러지므로 주의한다.

★ 콩나물 꼬리는 따지 말고 그대로 무치세요

콩나물 꼬리가 붙어 있으면 음식이 깔끔해 보이지 않는다며 꼬리를 꼭 떼 내는 분들이 있더군요. 하지만 콩나물의 꼬리에는 숙취 해소에 좋은 아스파라긴산이 듬뿍 들어 있답니다. 모양도 보기가 좋아야 하겠지만 영양분을 살려서 먹는 게 더 중요하므로 가능하면 꼬리를 따지 않고 조리하는 게 좋습니다.

산뜻한 향이 입 안을 감돌아요
미나리무침

미나리는 상큼한 맛이 으뜸이죠. 돌미나리를 다듬으면 산뜻한 미나리 향이 입 안을 오래도록 감싸는 맛있는 미나리 무침이 완성됩니다. 식욕을 돋아주고, 미나리에 풍부한 식물성 섬유가 변비를 예방하는 효과도 있다는군요.

:: 준비할 재료
돌미나리 300g, 소금 약간

> **양념장**》
> 고춧가루 1작은술(또는 고추장 1큰술),
> 다진 파 ½큰술, 다진 마늘 1작은술, 식초·소금
> 1작은술씩, 설탕 ½큰술, 통깨 1작은술, 참기름 1작은술

:: 이렇게 만드세요
1. **미나리 다듬기** 미나리는 뿌리를 자르고 잎을 떼어 흐르는 물에 씻은 다음 물에 살짝 담가놓는다.
2. **데쳐서 썰기** 끓는 물에 소금을 조금 넣고 미나리를 넣어 살짝 데친 다음 찬물에 헹구어 식힌다. 물기를 꼭 짠 후 5cm 길이로 썬다.
3. **무치기** 데쳐 놓은 미나리에 고춧가루, 파, 마늘 등 준비한 양념을 넣고 고루 무친다. 고추장을 넣어 무치면 매콤하면서도 달착지근한 맛이 더 살아나지만 조금만 두어도 물기가 돌아서 맛이 없어지므로 바로 먹어야 한다.

★ **미나리의 이물질은 흐르는 물에서 제거하세요**

미나리는 파릇한 푸른색이 입맛을 살려 주는 감초 같은 채소입니다. 미나리의 이물질을 제거하기 위해서는 흐르는 물에 씻어야 해요. 식욕을 돋울 뿐만 아니라 풍부한 식물성 섬유가 변비를 예방해 주는 효과도 있습니다.

보너스 요리

도라지오이생채

준비할 재료
도라지 200g, 오이 1개, 소금·깨소금 약간씩
양념장(고춧가루·설탕 1큰술씩, 고추장·다진 마늘·다진 파 1작은술씩, 식초 1큰술, 참기름 약간)

이렇게 만드세요
1. **도라지 손질하기** 도라지는 껍질을 벗겨 먹기 좋도록 가늘게 찢는다. 5cm 길이로 잘라 소금을 넣고 바락바락 주물러 쓴맛을 뺀다.
2. **도라지 아린 맛 없애기** 손질한 도라지를 여러 번 헹구고 찬물에 잠시 담가 아린 맛과 쓴맛을 완전히 뺀다. 건져서 물기를 없앤다.
3. **오이 손질하기** 오이는 굵은 소금을 뿌려서 박박 문질러 씻는다. 길이대로 반을 갈라 어슷하게 썬 뒤 소금을 뿌려 절인다. 숨이 살짝 죽을 정도로 절여지면 물에 헹구어 물기를 꼭 짠다.
4. **양념장 만들기** 넓은 그릇에 분량의 재료를 넣고 섞어서 양념장을 만든다.
5. **도라지, 오이 넣고 무치기** 물기를 뺀 도라지와 오이를 준비한 양념장에 넣고 버무려 새콤달콤하게 무친 뒤 깨소금을 뿌려 가볍게 버무린다.

돌미나리나물

준비할 재료
돌미나리 200g, 다진 파 2큰술, 다진 마늘·깨소금 1작은술씩, 소금 적당량, 참기름 1큰술, 실고추 약간

이렇게 만드세요
1. **미나리 다듬기** 돌미나리는 다듬어서 깨끗이 씻는다.
2. **미나리 데치기** 냄비에 물을 넉넉히 붓고 끓으면 소금을 약간 넣어 돌미나리를 살짝 데친다. 찬물에 헹구어 물기를 뺀다.
3. **미나리 무치기** 데친 미나리를 먹기 좋은 크기로 썬 다음 준비한 파, 마늘, 깨소금, 참기름, 소금 등을 넣고 조물조물 무친 뒤 실고추를 약간 얹는다.

바로 무쳐 먹는 상큼한 맛
부추 겉절이

부추는 상큼한 맛이 입맛을 당기게 하는 채소입니다. 여름 한 철 뒷밭에서 키운 부추를 잘라다가 겉절이를 해먹는 것이 즐겁습니다. 부추는 따뜻한 성질이 있어서 소화기를 따뜻하게 하고 오장을 편안하게 해준답니다.

:: 준비할 재료
부추 100g, 소금 · 통깨 약간씩

양념장》
멸치젓국 2큰술, 고춧가루 2큰술, 다진 마늘 1큰술, 다진 파 1큰술, 참기름 1작은술

:: 이렇게 만드세요
1. **부추 손질하기** 부추는 잘 다듬어 씻은 후 5cm 길이로 썬다.
2. **부추 숨죽이기** 부추에 멸치젓국을 부어 놓는다. 부추가 살짝 숨이 죽으면 멸치젓국만 따로 따라 낸다.
3. **양념장 만들기** 따라 놓은 멸치젓국에 나머지 양념 재료를 모두 넣고 골고루 섞는다.
4. **부추 버무리기** 젓국에 숨을 죽인 부추에 준비한 양념을 넣고 살살 버무려가며 무친 다음 통깨를 뿌려서 접시에 담는다.

★ **맛있게 무치려면 젓국으로 간을 하세요**

부추는 단백질과 지방, 비타민A가 듬뿍 들어 있는 채소랍니다. 부추로 겉절이를 할 때는 먼저 멸치젓국에 부추를 담가 숨을 죽였다가 양념을 넣어 버무리면 맛이 훨씬 깊어집니다. 젓국을 너무 많이 부으면 짜지므로 양을 잘 조절해야 한답니다.

아삭 아삭 시원한 맛
오이무침

시원한 맛이 일품인 오이는 날로 먹을 때 가장 산뜻하죠. 오이를 적당하게 잘라서 고추장에 그냥 찍어 먹어도 맛이 좋습니다. 상에 바로 올릴 때는 고추장을 듬뿍 넣고 슥슥 무치면 아삭 아삭 시원한 맛이 일품인 오이무침이 완성되지요.

:: 준비할 재료
오이 2개, 식초 1작은술

> **양념장**
> 고추장 3큰술, 설탕 1큰술, 다진 마늘·깨소금 1작은술씩, 참기름 약간

:: 이렇게 만드세요
1. **오이 손질하기** 오이의 겉면을 고운 소금으로 싹싹 비빈다.
2. **오이 썰기** 오이는 깨끗이 씻어 동글납작하게 썰거나 반으로 갈라 어슷어슷 썬다.
3. **무치기** 식초를 제외한 양념장 재료를 한데 섞어 양념장을 만든 뒤 오이를 무친다.
4. **식초 넣기** 오이를 다 무친 다음 식초는 맨 나중에 넣어 맛을 낸다.

⭐ **식탁에 내기 직전에 무치세요**
오이무침을 할 때 고추장으로 양념을 하면 물이 많이 생겨요. 그러므로 고추장으로 오이무침을 할 때는 미리 무쳐 놓지 마세요. 양념장을 준비해 두었다가 식탁에 올리기 직전에 무쳐서 올려야 오이의 상큼한 맛을 느낄 수 있답니다.

보너스 요리

생굴무침

준비할 재료
굴 300g, 밤 2개, 무 ¼개, 풋고추 2개, 쪽파 2뿌리, 마늘 3톨, 고춧가루 1큰술, 통깨 1작은술, 참기름 1작은술, 소금 약간

이렇게 만드세요
1. **굴 손질하기** 굴은 몸에 달라붙은 껍질을 잘 떼어 내고, 소금물에 흔들 듯 씻는다.
2. **채소 손질하기** 풋고추와 쪽파는 잘 다듬어 송송 썰고, 마늘은 껍질을 깐 다음 얇게 저며 썬다. 무와 밤도 얇게 저며 썬다.
3. **굴 무치기** 손질해 놓은 굴에 준비한 채소를 전부 넣고 고춧가루와 통깨, 참기름을 넣고 고루 무치다가 소금으로 간을 맞춘다.

달래오이무침

준비할 재료
달래 80g, 오이 ½개, 소금 약간,
양념장(간장 2큰술, 다진 마늘 1작은술, 고춧가루 2작은술, 깨소금 1작은술, 식초 1큰술, 참기름 1작은술)

이렇게 만드세요
1. **달래, 오이 손질하기** 달래는 뿌리 쪽에 신경을 써서 잘 다듬어 놓는다. 오이는 깨끗이 씻어서 반으로 자른 뒤 어슷썰기한다. 오이에 소금을 뿌려 두었다가 물기가 나오면 꼭 짠다.
2. **양념장 만들기** 준비한 양념장 재료를 고루 섞어 양념장을 만든다.
3. **무치기** 달래와 소금에 살짝 절인 오이를 섞고 양념장을 넣어 고루 버무린다.

도시락과 밑반찬의 감초
멸치무침

도시락을 쌀 일이 있을 때마다 반찬으로 뭘 넣어야 하나 고민스러울 때가 많으시지요? 요즘에야 학교에서 급식을 해주니까 이런 고민을 하는 엄마들이 많이 줄어들었겠지만 말입니다. 멸치나 북어채는 도시락 반찬뿐만 아니라, 두고두고 꺼내 먹는 밑반찬으로도 빠질 수 없는 감초 같은 반찬이지요.

:: 준비할 재료
멸치 300g, 식용유 1큰술, 통깨 1작은술

> **양념장**》
> 고추장 2큰술, 설탕 1큰술, 청주 1큰술, 참기름 1작은술, 다진 마늘 ½작은술

:: 이렇게 만드세요
1. **멸치 손질하기** 멸치는 머리를 떼 내고, 뼈와 내장을 잘 발라서 손질해 둔다.
2. **멸치 비린내 없애기** 프라이팬을 살짝 달군 다음 멸치만 넣어 재빨리 볶아 비린내를 없앤다.
3. **멸치 볶기** 프라이팬에 식용유를 살짝 두른 다음 멸치를 재빨리 볶아 낸다.
4. **양념장 만들기** 고추장과 설탕, 참기름, 다진 마늘, 청주 등을 한데 넣고 골고루 섞어 양념장을 만든다.
5. **멸치 무치기** 볶아 낸 멸치에 양념장을 넣어 골고루 무친다. 윤기가 돌게 하려면 설탕 대신 물엿이나 꿀을 넣어도 좋다. 통깨를 솔솔 뿌려 마무리한다.

★ **무치기 전에 멸치를 살짝 볶으세요**

멸치는 칼슘이 풍부한 뼈째 먹는 생선이죠. 무침용 멸치는 볶음용보다 크기가 좀더 큰 것이 좋아요. 그리고 무치기 전에 멸치를 프라이팬에 살짝 볶은 다음에 무쳐야 고소하면서도 바삭한 맛이 살아난답니다.

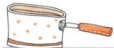

쫄깃쫄깃 씹는 맛이 좋다
북어채무침

결이 곱고 노르스름한 북어채는 쫄깃쫄깃 씹는 맛이 일품이죠. 오래 씹으면 고소한 맛이 더 살아나는 북어채 무침은 향긋한 맛을 살리는 게 중요합니다. 북어채 무침으로 고소한 맛을 느껴보세요.

: : 준비할 재료
북어채 200g, 식용유 · 통깨 약간씩

양념장 》
고추장 2큰술, 다진 파 · 다진 마늘 1작은술씩, 식용유 · 설탕 · 식초 · 참기름 · 깨소금 1작은술씩

: : 이렇게 만드세요
1. **북어채 손질하기** 북어채는 찬물에 잠시 담가 두었다가 부드럽게 되면 물기를 짜서 준비해 둔다.
2. **양념장 만들기** 고추장에 준비해 둔 갖은 양념을 섞어 양념장을 만든다.
3. **북어채 볶기** 물기를 뺀 북어채를 식용유를 두른 프라이팬에 볶아 낸다.
4. **북어채 무치기** 볶은 북어채에 양념장을 넣어 무친다. 접시에 담고 통깨를 솔솔 뿌려 모양을 낸다.

☆ 북어채 잘 고르려면
북어채는 결이 곱고, 빛깔이 노르스름한 것을 고르는 것이 중요하죠. 냄새를 맡아 보아서 향긋한 북어 냄새가 나는 것을 고르는 것도 요령이에요. 눅눅하면서 잡냄새가 많이 나면 오래된 것이므로 이런 재료는 피하도록 하세요.

보너스 요리

시래기무침

준비할 재료

시래기 300g, 된장 1큰술, 고추장 1작은술, 국간장 1작은술, 다진 파 2큰술, 다진 마늘 1큰술, 들기름 1큰술, 멸치 육수¼컵, 들깨가루 · 실고추 약간씩

이렇게 만드세요

1. **시래기 데치기** 시래기는 끓는 물에 무르게 삶아 건진 다음 찬물에 헹궈 물기를 꼭 짠다.
2. **시래기 양념하기** 삶은 시래기를 5cm 길이로 썰어서 된장, 고추장, 국간장, 마늘, 파를 넣고 조물조물 무친다.
3. **시래기 볶기** 팬에 들기름을 두르고 기름이 끓으면 ②의 시래기를 볶다가 준비한 멸치 육수를 넣고 더 무르게 볶아지도록 뚜껑을 덮고 잠시 끓인다. 들깨 가루를 넣고 물기가 없어질 때까지 볶은 다음 실고추를 뿌려 상에 낸다.

조개젓무침

준비할 재료

조개젓 · 무 100g씩, 풋고추 1개, 홍고추 1개, 고춧가루 2큰술, 소금 약간
양념장(다진 마늘 1큰술, 다진 생강 약간, 식초 1큰술, 설탕 1작은술, 깨소금 · 참기름 약간씩)

이렇게 만드세요

1. **조개젓 체에 밭치기** 삭힌 조개젓을 체에 밭쳐서 국물을 뺀다.
2. **무 무치기** 무는 조개젓 크기로 납작하게 썰어 소금에 절인 다음 물에 헹궈 물기를 꼭 짠다. 고춧가루를 넣고 무쳐서 색이 들면 조개젓을 넣는다.
3. **양념장 만들기** 분량대로 준비한 재료를 섞어 양념장을 만든다.
4. **조개젓 무치기** 청고추와 홍고추를 곱게 다진 다음 무와 섞은 조개젓에 넣고 양념장과 함께 조물조물 무친다.

향긋한 풍미가 입에 감겨요
더덕무침

더덕은 향긋한 맛이 일품인 뿌리 채소입니다. 가래를 없애 주는 효과가 있어 기관지염 치료에 사용하는 약재이기도 하죠. 사포닌도 풍부하게 들어 있다는군요. 향긋한 풍미가 일품이고, 몸에도 좋은 더덕무침을 많이 해 드세요.

:: 준비할 재료
더덕 200g, 송송 썬 쪽파 2큰술, 통깨 ½큰술

> **양념장**》
> 고추장·식초 2큰술씩, 고춧가루·설탕 1큰술씩,
> 다진 마늘 1작은술, 참기름 1큰술

:: 이렇게 만드세요
1. **더덕 찢기** 더덕은 젖은 면 보자기에 싸서 방망이로 두들긴 다음 먹기 좋은 크기로 가늘게 찢어 놓는다.
2. **양념장 만들기** 고추장에 고춧가루와 설탕, 식초, 다진 마늘 등을 넣고 골고루 섞어 양념장을 만들어 놓는다.
3. **더덕 무치기** 찢어 놓은 더덕에 양념장을 넣고 잘 주물러서 무친다. 마지막에 송송 썬 쪽파와 통깨를 넣어 마무리한다

★ **더덕은 3년생이 맛이 좋아요**
더덕은 뿌리가 곧고 통통한 것이 맛이 좋지요. 이 정도의 더덕은 대개 3년 정도 자란 것인데, 껍질을 까보면 진액이 풍부하게 나오고 향긋한 내음이 아주 진하게 납니다. 이런 더덕을 골라서 맛난 요리를 해보세요.

아삭하면서도 달콤해요
무생채

무는 기침이 심하고 가래가 많이 생길 때 먹으면 좋은 뿌리 채소로 비타민C가 풍부하답니다. 무를 고를 때는 저는 굵기가 통통하고 무거운 것을 제일로 칩니다. 이런 무가 요리를 해보면 맛이 좋거든요.

:: 준비할 재료
무 ½개, 고춧가루 1큰술, 대파 ¼뿌리, 다진 마늘 1작은술, 소금 ½작은술, 설탕 2작은술, 식초 1½작은술

:: 이렇게 만드세요
1. **무채 썰기** 무는 깨끗하게 씻어서 가늘게 채 썬다.
2. **무채 무치기** 무채에 먼저 고춧가루를 넣어 곱게 색을 낸 뒤에 잘게 썬 파, 마늘을 넣고 소금, 설탕, 식초 순으로 넣으며 간을 맞춰 무친다.
3. **접시에 담기** 잘 버무린 생채를 접시에 담고 통깨를 흩뿌려 낸다.

☆ 무는 무거운 게 맛이 좋아요
무는 익힌 것보다 날로 먹는 것이 더 좋답니다. 무생채 요리는 비타민이 풍부한 음식이죠. 무를 고를 때는 손으로 들어 보아 무게가 더 나가는 묵직한 것을 고르세요. 가능하면 굵기가 통통한 것을 고르는 게 단맛이 더 강하고 맛이 있답니다.

보너스 요리

무말랭이무침

준비할 재료
무 말랭이 100g, 고춧가루 1큰술, 고추장 1큰술, 간장 1큰술, 멸치액젓 1큰술, 올리고당 2큰술, 다진 마늘 1큰술, 참기름 1큰술, 통깨 약간

이렇게 만드세요
1. 무말랭이 불리기 무말랭이를 두 번 정도 물에 헹군 다음 물에 30분 정도 불린다.
2. 물기 짜기 불린 무 말랭이를 손으로 바락바락 문질러서 깨끗하게 씻은 다음 물기를 꼭 짜낸다.
3. 색 내기 무 말랭이에 준비한 고춧가루를 넣어 5분 정도 붉게 물을 들인다.
4. 무치기 준비한 양념을 전부 넣고 조물조물 무친다.

봄동겉절이

준비할 재료
봄동 2포기, 고춧가루 1큰술, 양파 ¼개, 홍고추 1개, 멸치액젓 1큰술, 설탕 1작은술, 깨소금 약간

이렇게 만드세요
1. 봄동 씻기 봄동은 뿌리를 잘라내고 잘 씻어 물기를 빼놓는다.
2. 양파 갈기 양파는 껍질을 벗긴 다음 곱게 간다.
3. 양념 불리기 고춧가루에 간 양파, 멸치액젓, 설탕 등을 넣고 5분 정도 불린다.
4. 홍고추 채썰기 홍고추는 채썰어서 준비한다.
5. 무치기 불린 양념에 물기를 뺀 봄동을 넣고 잘 버무린 다음 깨소금을 넣어 마무리한다.

씹을수록 더욱 향긋한 맛
고구마줄기무침

고구마는 달착지근한 맛이 일품인 뿌리 채소죠. 고구마 줄기나 이파리 역시 된장이나 고추장으로 양념하여 무치면 훌륭한 반찬이 되지요. 하나도 버릴 것 없는 고구마. 이제 고구마뿐 아니라 고구마 줄기와 이파리로도 무침을 비롯한 여러 가지 요리를 해보세요. 특별한 맛을 느낄 수 있을 거예요.

:: 준비할 재료
고구마 줄기 350g, 소금 약간

> 양념장 》
> 간장 1큰술, 국간장 ½큰술, 쪽파 1뿌리, 다진 마늘 1작은술, 고추장 3큰술, 설탕 1작은술, 깨소금 1큰술, 참기름 1작은술

:: 이렇게 만드세요
1. **고구마 줄기 손질하기** 고구마 줄기의 껍질은 잎 쪽을 꺾어 내리면서 벗겨 낸다.
2. **고구마 줄기 데치기** 고구마 줄기를 깨끗이 씻어서 끓는 물에 소금을 넣어 데친다. 찬물에 헹궈 물기를 뺀 후 6cm 길이로 썬다.
3. **파와 마늘 다지기** 파는 곱게 송송 썰고, 마늘은 곱게 다진다.
4. **고구마 줄기 무치기** 데친 고구마 줄기에 다진 마늘과 파, 국간장, 간장으로 양념을 하여 살짝 볶는다.
5. **마무리하기** 볶은 고구마 줄기에 고추장, 설탕, 깨소금, 참기름을 넣어 고루 무친다.

★ **고구마 줄기의 껍질, 이렇게 벗기세요**

고구마 줄기로 음식을 할 때면 줄기의 껍질을 벗기기가 쉽지 않다는 분들이 많더군요. 고구마 줄기의 껍질은 잎 쪽을 꺾어 내리면 쉽게 벗겨져요. 반대로 껍질을 벗기려고 하면 힘이 많이 드니까 반드시 잎 쪽을 꺾은 다음에 껍질을 벗기도록 하세요.

향긋하면서 쌉쌀해요
고구마이파리무침

넓직한 고구마 이파리도 뜨거운 물에 데치면 맛난 무침을 할 수 있습니다. 들기름을 둘러서 살짝 볶은 다음 초고추장을 넣어 무치면 향긋한 향기와 쌉싸래한 씹는 맛이 일품이랍니다.

:: 준비할 재료
고구마 이파리 200g, 들기름 1½큰술, 초고추장 2 ½큰술, 소금 1작은술, 통깨 약간

:: 이렇게 만드세요
1. **고구마 이파리 데치기** 연한 고구마 이파리를 뜨거운 물에 데친 다음 물기를 꼭 짜 한 입 크기로 썬다.
2. **고구마 이파리 볶기** 프라이팬에 들기름을 두르고 고구마 이파리를 볶는다. 소금으로 간을 맞춘다.
3. **고구마 이파리 무치기** 볶은 고구마 이파리에 초고추장을 넣어 무친다. 완성되면 통깨를 술술 뿌려 상에 내놓는다.

⭐ **억센 이파리로는 무침을 하지 마세요**

고구마 이파리는 씹을수록 향긋한 맛이 배어나와 입맛을 살려 주지요. 하지만 고구마 이파리는 억세지면 먹지 못하므로, 초여름에 이파리가 연할 때 요리를 해먹는 게 좋아요. 이 때가 지나면 무침으로 먹기에는 좋지 않다는 걸 기억하세요.

보너스 요리

쇠고기 고추장볶음

준비할 재료
쇠고기 200g, 양파 ¼쪽, 홍고추·청양고추 1개, 버섯 2~3개,
양념장(고추장 1큰술, 고춧가루 1큰술, 다진 마늘 1작은술, 간장 1작은술)

이렇게 만드세요
1. 쇠고기 다지기 쇠고기는 잘게 다져 놓는다.
2. 채소 썰기 양파와 홍고추, 청고추, 버섯, 당근, 쪽파를 잘 씻어서 잘게 다진다.
3. 양념장 만들기 준비한 고추장, 고춧가루, 다진 마늘, 간장을 넣고 잘 버무린다.
3. 무치기 쇠고기에 준비한 채소를 넣고 잘 버무린다.
4. 볶기 무친 쇠고기를 참기름을 넣고 볶다가 양념장을 한데 넣어 재빨리 볶는다.

볶음 김치

준비할 재료
김치 ¼쪽, 식용유 2큰술, 대파 ½뿌리, 다진 마늘 1큰술, 참기름 1작은술, 설탕 1작은술

이렇게 만드세요
1. 김치 썰기 김치는 먹기 적당한 크기로 썰고 대파는 어슷썬다.
2. 김치 볶기 팬에 식용유를 두른 다음 썰어놓은 배추김치를 넣어 약한 불에서 서서히 저으면서 다진 마늘, 설탕, 어슷썬 파를 넣고 고루 볶는다.
3. 참기름 넣기 마지막에 참기름을 넣어 고루 섞는다.

쫀득쫀득 매콤해서 더 맛있다
오징어볶음

오징어에는 콜레스테롤의 체내 흡수를 방해하고 감소시키는 타우린이라는 물질이 다량 함유되어 있다고 합니다. 누구나 좋아하는 오징어. 볶음으로도 좋고, 무를 숭숭 썰어 넣어 매운 국을 끓여도 참 좋지요. 피를 맑고 해주고, 뼈와 근육을 튼튼하게 해주는 오징어로 맛난 요리를 많이 해드세요.

:: 준비할 재료
오징어 1마리, 애호박 ¼개, 당근 ½개, 양파 ½개, 홍고추 1개, 쪽파 1뿌리, 식용유·소금 약간씩

> 양념장》
> 고운 고춧가루 3큰술, 굵은 고춧가루 1큰술, 간장 1큰술, 다진 마늘 1큰술, 설탕 2큰술, 참기름 2큰술, 깨소금 ½큰술, 생강즙 1작은술, 소금 약간

:: 이렇게 만드세요
1. **오징어 손질하기** 오징어는 다리를 잡아당겨 내장과 먹통을 빼낸 다음 깨끗이 씻는다. 다리는 소금으로 주물러 손으로 쓸어 내리듯 씻도록 한다. 몸통은 5cm 길이로 길쭉길쭉하게 썰어 안쪽에 칼집을 낸다. 다리도 같은 길이로 자른다.
2. **채소 썰기** 애호박, 당근, 양파를 적당한 크기로 썰어 놓는다. 홍고추는 어슷 썰기를 해두고, 쪽파는 송송 썬다.
3. **양념장 만들기** 분량대로 준비한 양념 재료를 한데 섞어 양념장을 만든다.
4. **오징어 밑간하기** 손질해 둔 오징어에 양념장을 넣고 고루 버무려 양념이 배어들게 한다.
5. **오징어 볶기** 잘 달군 팬에 식용유를 두른 다음 당근, 호박, 양파, 파 순으로 볶은 다음 홍고추를 넣고 볶는다. 채소가 어느 정도 익으면 양념장에 재워 둔 오징어를 넣고 볶는다. 간이 맞지 않으면 소금으로 간을 맞춘다.

☆ **오징어는 양념에 미리 밑간을 해두세요**

오징어로 볶음 요리를 할 때는 볶을 때 사용하는 양념장에 오징어를 미리 밑간하여 요리하는 게 좋아요. 오징어는 몸에 좋은 유익한 성분이 많지만 인산의 함량이 많은 편이므로 채소를 듬뿍 넣어서 요리를 하는 지혜를 발휘하세요.

南·道·味 매운맛 행복밥상

바삭바삭 매콤한 맛
매운닭강정

바삭바삭한 맛을 즐기고 싶을 때는 닭 가슴살을 이용해 매콤한 닭강정을 잘 만듭니다. 바삭하면서도 매콤한 맛이 손님 접대용 술 안주로는 제격이거든요. 매운 닭강정으로 손님들에게 칭찬받을 때가 많답니다.

:: 준비할 재료
닭가슴살 2쪽, 전분 ½컵, 식용유 1컵, 실파 1뿌리

> 양념장 》
> 칠리소스 2큰술, 케첩 1큰술, 고추장 2큰술,
> 조미술 1큰술

:: 이렇게 만드세요
1. **닭 손질하기** 닭가슴살은 먹기 좋은 크기로 잘라 조미술에 20분 정도 담가 밑간을 한다.
2. **닭 밑간하기** 조미술에서 건져낸 닭가슴살에 소금, 후추로 밑간을 해서 잘 주물러 놓는다.
3. **전분가루 묻히기** 닭가슴살에 전분가루를 넣고 잘 버물러준다.
4. **닭가슴살 튀기기** 전분을 묻힌 닭가슴살을 기름에 두 번 튀긴다.
5. **양념소스 묻히기** 준비한 양념소스를 냄비에 넣고 살짝 보글보글 끓인 다음 튀겨낸 닭가슴을 넣어 양념이 골고루 묻게끔 굴린다.
6. **접시에 담기** 매운닭강정을 접시에 담고 송송 썬 실파를 예쁘게 올려 모양을 낸다.

★ **전분가루 골고루 잘 묻히기**
전분가루는 튀김재료에 골고루 잘 묻혀야 바삭한 맛이 살아납니다. 손으로 묻히다가 어느날 비닐봉지에 전분가루를 붓고, 닭가슴을 넣은 다음 공기를 빵빵하게 넣어 잘 흔들어주었더니 의외로 쉽게 가루가 잘 묻혀지더군요.

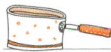

南·道·味 매운맛 행복밥상

달달하면서도 매콤한 맛
제육볶음

제육볶음을 싫어하시는 분들은 거의 없지요. 상추를 곁들여 쌈을 싸먹고, 매콤한 양념에 비벼 먹으면 다른 반찬 여러 가지를 차려놓아도 손 갈 일이 거의 없답니다. 매콤 달달한 제육 볶음 한 접시로 반찬 걱정을 줄이는 센스를 발휘해 보자구요.

:: 준비할 재료

돼지고기 목살 또는 삼겹살 400그램, 양파 1개, 청양 고추, 홍고추 약간, 대파 1뿌리, 청주 2큰술, 식용유 1큰술, 소금·후추 약간씩

양념장》
고춧가루 2큰술, 고추장 2큰술, 진간장 1큰술, 설탕 1큰술, 다진마늘 1큰술, 참기름 1작은술, 깨소금 2작은술, 깨소금·생강즙 약간씩

:: 이렇게 만드세요

1. **고기 밑간하기** 돼지고기는 청주와 약간의 소금을 뿌려 20분 정도 재워 누린내를 제거한다.
2. **양념장 묻히기** 밑간한 돼지고기에 양념장을 넣고 버무려 20분 정도 더 숙성을 시킨다.
3. **채소 썰기** 청양고추와 홍고추, 대파는 어슷썰고, 양파는 두툼하게 채 썬다.
4. **고기 볶기** 팬에 식용유를 두르고 재워둔 고기를 볶다가 야채를 넣어 센불에서 재빨리 볶아 상에 올린다.

★ **고기 볶음은 센불에서 볶으세요**

고기를 볶을 때는 프라이팬을 달궈서 센불에 볶는 것이 좋습니다. 처음부터 센불에 볶아야 고기의 육즙이 흘러나오지 않아서 더 고소하고 부드러운 맛을 즐길 수 있답니다. 물론 야채는 고기가 거의 익은 다음에 넣고 볶아야 수분이 안 나오고 아삭거리는 맛을 즐길 수 있답니다.

아삭아삭하고 쫄깃한 맛
버섯야채볶음

버섯은 볶음요리로 제격이죠. 기름을 둘러서 살짝 볶아내면 아삭거리면서도 쫄깃한 버섯의 식감이 먹는 재미를 더해준답니다. 버섯은 혈압을 내리는데 좋고, 콜레스테롤을 줄여주는 효과도 있답니다. 우리집 밥상에 건강요리로 버섯은 자주 이용됩니다.

:: 준비할 재료

느타리 버섯 ½팩, 쇠고기 100g, 파란 파프리카 ½개, 빨간 파프리카 ½개, 양파 ½개, 고추장 2큰술, 조미술 1큰술, 식용유 5큰술, 참기름 1작은술, 다진 마늘 5쪽, 실파 · 깨 · 소금 약간씩

:: 이렇게 만드세요

1. **버섯 손질하기** 버섯은 깨끗하게 씻어서 물기를 뺀 다음 손으로 길게 찢어놓는다.
2. **쇠고기 볶기** 잘게 썬 소고기에 참기름과 고추장, 다진 마늘을 넣어 잘 주무른 다음 프라이팬에 따로 볶는다.
3. **채소 손질하기** 파프리카와 양파를 먹기 좋은 크기로 썬다.
4. **볶기** 볶은 쇠고기와 손질한 채소, 버섯을 기름을 두른 프라이팬에 넣고 볶는다.
5. **고명 얹기** 실파 송송 썬 것과 검정깨와 흰깨를 솔솔 뿌려 접시에 낸다.

☆ **버섯은 너무 오래 볶지 마세요**

버섯볶음을 할 때는 너무 오래 볶지 않는 것이 좋습니다. 아삭한 맛이 살아나야 버섯 특유의 향을 느낄 수 있거든요. 또 너무 오래 볶으면 버섯에서 물이 나와서 질척해져서 모양도 좋지 않답니다.

얼얼하면서도 쫄깃한 맛
낙지볶음

산낙지는 탕탕 잘게 다져서 기름소금이나 된장에 찍어 먹는 것이 일품이죠. 싱싱한 낙지가 구하기 힘들 때는 아쉽지만 낙지볶음을 해먹습니다. 고추장 듬뿍 넣어서 조물조물 무친 다음 볶으면 여름철 보양식으로도 제격입니다.

:: 준비할 재료

낙지 2마리, 양파 1개, 콩나물 150g, 양배추 50g, 고추장 2큰술, 고춧가루 2큰술, 요리당 1큰술, 조미술 1큰술, 다진 마늘 3쪽, 대파·홍고추·풋고추·소금·후추 약간씩

:: 이렇게 만드세요

1. **낙지 씻기** 낙지는 밀가루와 소금을 풀어서 빨판에 붙은 찌꺼기를 깨끗하게 씻는다.
2. **낙지 양념하기** 씻어둔 낙지에 준비한 고추장, 요리당, 조미술, 소금, 후추를 넣고 잘 주물러 놓는다.
3. **채소 썰기** 양파와 양배추는 잘 씻어 먹기 좋은 크기로 자른다.
4. **콩나물 데치기** 콩나물을 잘 다듬어 씻은 다음, 끓는 물에 살짝 데친다.
5. **낙지 볶기** 낙지와 양파, 양배추 다진 마늘을 넣고 미리 살짝 볶다가 데친 콩나물을 넣어 볶아 익힌다.
6. **고춧가루 넣기** 요리가 완성되면 고춧가루를 넣고 한 번 더 볶아서 매운 맛을 살린다.

★ 낙지를 잘 씻으려면

낙지 빨판에 묻은 이물질을 깨끗하게 씻지 않으면 요리를 상에 올렸을 때, 이물질이 씹히기 쉽고, 깔끔한 맛이 나지 않습니다. 낙지 다리에 밀가루와 굵은 소금을 올린 다음 부드럽게 비벼주면 빨판에 붙은 이물질이 깨끗하게 빠진답니다.

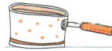

쫀득쫀득 매콤해서 더 맛있다
오징어새우볶음

오징어에는 콜레스테롤의 체내 흡수를 방해하고 감소시키는 타우린이라는 물질이 다량 함유되어 있다는군요. 볶음으로도 좋고, 무를 숭숭 썰어 넣어 매운 국을 끓여도 참 좋지요. 피를 맑고 해주고, 뼈와 근육을 튼튼하게 해주는 오징어에 맛난 새우를 넣어서 요리를 하세요.

:: 준비할 재료
새우 10마리, 오징어 1마리, 당근 ½개, 무, 양파 ½개, 홍고추 1개, 쪽파 1뿌리, 식용유·소금 약간씩

양념장》
고운 고춧가루 2큰술, 굵은 고춧가루 1큰술, 간장 1큰술, 다진 마늘 1큰술, 설탕 2큰술, 참기름 2큰술, 깨소금 ½큰술, 생강즙 1작은술, 소금 약간

:: 이렇게 만드세요
1. **오징어 새우 손질하기** 오징어는 다리를 잡아당겨 내장과 먹통을 빼낸 다음 깨끗이 씻는다. 다리는 소금으로 주물러 손으로 쓸어 내리듯 씻도록 한다. 몸통은 5cm 길이로 길쭉길쭉하게 썰어 안쪽에 칼집을 낸다. 다리도 같은 길이로 자른다. 새우는 등쪽의 내장을 제거하고, 긴 수염을 잘라낸다.
2. **채소 썰기** 당근, 양파, 무를 적당한 크기로 썰어 놓는다. 홍고추는 어슷 썰기를 해두고, 쪽파는 송송 썬다.
3. **양념장 만들기** 분량대로 준비한 양념 재료를 한데 섞어 양념장을 만든다.
4. **밑간하기** 손질해 둔 새우와 오징어에 양념장을 넣고 고루 버무려 양념이 배어들게 한다.
5. **볶기** 잘 달군 팬에 식용유를 두른 다음 무, 당근, 양파, 파 순서로 볶은 다음 홍고추를 넣고 볶는다. 채소가 어느 정도 익으면 양념장에 재워 둔 새우와 오징어를 넣고 볶는다. 간이 맞지 않으면 소금으로 간을 맞춘다.

★ 새우의 콜레스테롤을 줄이려면
콜레스테롤은 세포막을 구성하거나 호르몬을 만드는 데 쓰이기 때문에 꼭 필요한 물질이지만 몸에 너무 많이 축적되면 건강에 해롭지요. 그래서 새우가 콜레스테롤이 많다고 해서 피하는 분도 계시더군요. 새우의 콜레스테롤을 줄이려면 꼬리만 떼어내고 껍질 채 먹는 게 가장 좋답니다.

곰삭은 매운맛, 밥 한 그릇이 뚝딱!

고추장장아찌

PART 5

고추장 장아찌는 두고두고 꺼내 먹는 밑반찬이죠.
초가을 무렵에 가장 많이 담그는 고추장 장아찌는 매콤 달콤,
쫀득거리는 맛이 일품이랍니다. 맨밥에 그냥 먹어도 맛이 있지만,
찬물에 말아서 장아찌를 올려서 먹으면 밥 한 그릇이 언제 사라졌는지도 모르지요.
입맛 살리는 고추장 장아찌, 이제 집에서 손쉽게 담가 잡수세요.

요리 재료는 4인분 기준입니다.

고추장 장아찌 맛있게 담고 보관하는 요령

고추장 장아찌는 다른 장아찌에 비해서 손이 많이 가는 밑반찬입니다. 하지만 잘 삭혀 두면 곰 삭은 맛을 몇 년 동안이라도 즐길 수 있으므로 이만한 반찬이 없지요. 손이 많이 가더라도 다음 요령을 꼭 지켜서 장아찌를 담그도록 하세요.

아삭아삭 밥도둑 장아찌…
집에서 손쉽게 담그는 비법

찬물에 밥 말아서 하나씩 얹어 먹는 장아찌, 언제나 입맛을 살리는 묘한 힘이 있습니다. 그래서 장아찌를 밥도둑이라고 부르는 것 같습니다. 언제 밥 한 그릇이 뚝딱 비워졌는지도 모르게 사라지니까 말이에요. 저희 집에 장아찌나 고추장을 사러 오신 분들 가운데도 이 항아리, 저 항아리에 들어 있는 장아찌를 맛보다가 "찬밥 한 그릇 있으면 딱이겠다" 하시며 밥을 찾는 분들이 많습니다.

제가 만드는 순창 전통 고추장 장아찌는 손이 많이 가는 저장 반찬입니다. 재료를 소금에 절였다가 건져서 고추장에 숙성시키는 과정을 적게는 세 번, 많게는 예닐곱 번을 해야 제 맛이 살아나거든요. 순창에서 만들어지는 장아찌가 맛있는 이유는 3년이라는 긴 세월 동안 항아리 속에서 맛을 들이기 때문이라고 생각합니다.

또 저처럼 전통 순창의 맛을 이어가는 제조 기능인들이 매듭 굵어진 두툼한 손으로 마치 자식 돌보듯 고추장과 고추장 장아찌에 공을 들이기 때문이라고 생각해요. 수백 개나 되는 항아리 뚜껑을 날마다 열어 보면서 고추장을 새것으로 갈아 주고, 손으로 비벼 주는 일을 거르지 않으니까요.

하지만 일반 가정에서 순창 전통 장아찌의 제조 방식처럼 장아찌를 담가 먹기란 정말 쉬운 일이 아닙니다. 몇 번씩 고추장을 바꿔 주면서 버려 내야 하는 고추장의 양도 만만치 않을뿐더러 장아찌 하나를 먹기 위해서 3년이라는 긴 시간을 기다릴 마음의 여유를 가지고 계신 분들은 거의 없을 테니까요. 그렇지만 집에서도 간단히 맛을 낼 수 있는 방법이 얼마든지 있습니다. 장아찌와 찬밥, 그 오묘한 맛을 집에서도 쉽게 느껴 보실 수 있는 비법을 알려 드릴게요.

순창 전통 장아찌의 종류를 알아볼까요?

1. 찢은굴비장아찌
2. 통굴비장아찌
3. 감장아찌
4. 오이장아찌
5. 매실장아찌
6. 무장아찌
7. 두릅장아찌
8. 마늘장아찌
9. 마늘종장아찌
10. 더덕장아찌
11. 도라지장아찌
12. 고들빼기장아찌
13. 깻잎장아찌
14. 고춧잎장아찌
15. 모둠장아찌

쿠킹센스 1
어떤 재료든 일단 소금에 절이세요

고추장 장아찌를 담기 위해서는 어떤 재료로 장아찌를 담건 간에 일단 소금물에 절여서 짭짤한 맛이 배어들게 하는 게 중요해요. 하지만 소금의 농도를 너무 짙게 하면 고추장에 삭혀지면서 짠맛이 배가될 수 있으므로 농도를 약하게 하는 게 중요합니다. 약간 짭짤하다 싶은 게 적당해요.

쿠킹센스 2
물기를 완전히 뺀 다음 고추장에 박으세요

장아찌를 담글 재료에 물기가 배어 있으면 고추장이 부패되기 쉬우므로 고추장에 박기 전에 반드시 물기를 완전히 없애도록 하세요. 빨리 담가야 할 때는 번거롭지만 고추장에 박을 재료를 일일히 마른 행주를 이용해 닦아 주는 게 좋습니다.

쿠킹센스 3
흠집이 없는 재료를 고르세요

어떤 음식이든 재료가 좋아야 음식이 맛있어지는 법입니다. 흠집이 있는 재료를 고추장에 박아 두면 맛과 향기가 떨어질 뿐만 아니라 부패하기가 쉬우므로 아깝더라도 흠집이 있는 재료는 절대 사용하지 않도록 하세요.

쿠킹센스 4
꺼내기 쉽게 베 보자기나 망 주머니에 담아 두세요

장아찌 재료를 고추장에 박을 때는 베 보자기나 망 주머니에 싸서 넣어 두면 장아찌를 꺼낼 때마다 장을 헤집거나 뒤적거릴 필요가 없고 재료의 모양도 상하지 않아서 좋아요.

쿠킹센스 5
시원한 곳에서 숙성시키세요
장아찌는 오래 삭힐수록 제 맛이 나는데, 햇빛이 강한 곳에 두면 장아찌가 물컹해져 간이 잘 배지 않으므로 직사광선이 들지 않는 시원한 곳에 두는 것이 요령입니다. 집에서 담가 먹을 때는 재료에 따라 차이가 있긴 하지만 보통 3개월 정도 지나면 먹기 좋게 간이 배어 쪼글쪼글해지므로 이때부터 꺼내어 드시면 되지요.

쿠킹센스 6
재료를 고추장에 푹 담가야 제 맛이 배어들어요
고추장 장아찌는 장아찌를 담그는 재료가 고추장 위로 올라오지 않도록 돌멩이 등을 올려 단단하게 눌러 놓도록 하세요. 재료가 고추장에 푹 묻히지 않으면 맛이 제대로 들지 않을 뿐만 아니라 숙성시키는 과정에서 변질될 우려가 있답니다.

쿠킹센스 7
재료나 저장법이 비슷한 것끼리 한 항아리에 담으세요
장아찌를 담글 때는 재료와 저장법이 비슷한 것들끼리 모아 한 항아리에 담아 두세요. 단지는 중간 크기가 좋으며, 알아보기 쉽게 항아리에 어떤 재료가 들어 있는지 적어 두면 꺼내 먹기가 편리하겠지요.

쿠킹 자투리 메모
초절임 맛깔 나게 담그는 노하우

1. 보존성을 높여 주는 식초 장아찌를 담글 때 염분을 줄일 경우 식초를 넣으면 보존성이 높아진다. 간장 절임에는 소주를 넣으면, 된장에 절일 때는 맥주를 넣으면 독특한 맛을 즐길 수 있다. 소금을 이용할 때는 채소의 소금을 10% 미만으로 넣어서 절이는 게 좋다.

2. 보관 용기는 열탕 소독 후 이용한다 피클이나 초절임을 담을 보관 용기는 뚜껑에 고무 패킹이 있는 유리병이나 도자기류가 좋다. 팔팔 끓는 물에 한 번 끓여 열탕 소독한 후 물기를 완전히 건조시켜야 오래 두어도 맛이 변질되지 않고 신선도가 유지된다.

3. 설탕과 식초의 배합이 핵심 새콤 달콤하게 즐기는 피클은 설탕과 식초의 양이 중요하다. 단촛물은 식초에 설탕과 소금을 넣고 끓여 만든다. 특히 식초와 설탕의 맛이 잘 어우러져야 제 맛이 나는데, 이 두 가지 재료는 동량으로 잡고 물은 8~10배를 넣는 것이 적당하다.

4. 국물은 끓인 후 완전히 식혀서 붓는다 피클 담글 때는 식초와 설탕, 소금, 물 등을 한데 담고 팔팔 끓인 국물을 완전히 식혀 부어야 재료가 무르지 않고 아삭한 맛이 유지된다.

고추장 장아찌 이렇게 담그세요

고추장 장아찌는 소금에 절여서 고추장에 박아 숙성을 시키는 것이 기본이랍니다. 감장아찌 담그는 과정을 통해서 어떻게 하면 맛있게 담글 수 있는지 좀더 자세히 알려 드릴게요.

쿠킹센스 1
감 절이기
발갛게 익어 가는 감을 골라 깨끗하게 씻은 다음 항아리에 차곡차곡 담습니다. 감이 잠길 만큼 물을 붓고 소금을 뿌려 일주일 정도 절이세요.

쿠킹센스 2
감 소금물 빼기
간이 배면 감 꼬투리를 따내고 물기를 완전히 없애세요. 감을 마른 행주로 깨끗하게 닦아 내면 물기가 완전히 제거된답니다.

쿠킹센스 3
감 고추장에 박기
고추장에 감을 버무려 꼭꼭 눌러 담으세요. 고추장이 부족하면 무거운 돌로 눌러 놓아 장아찌가 고추장 위로 올라오지 않도록 하고요.

쿠킹센스 4
고추장 새것으로 갈아 주기
뚜껑을 열어 보아 감이 고추장을 흡수한 듯 보이면 새 고추장으로 갈아 주는 작업을 여섯 번 정도 해주세요. 먹을 때는 얇게 썰어서 접시에 담으면 됩니다.

쿠킹센스 5
양념하기
그대로 먹어도 되지만 참기름을 몇 방울 떨어뜨리거나, 통깨를 뿌려서 올리면 장아찌의 깊은 맛이 더 고소하게 살아난답니다.

입맛 당기는 매콤 쌉싸래한 맛
도라지장아찌

도라지는 길경(桔梗)이라 하여 민간 요법에서 약재로 쓰일 정도로 몸에 좋은 식품입니다. 감초를 더해 탕을 끓이면 감기로 인한 기침, 가래, 인후염, 편도선염 등에 효능이 있다고 하네요. 쌉싸래하면서도 쫄깃거리는 맛이 일품인 도라지로 장아찌를 담가 놓으면 그 깊은 맛이 입맛을 돋게 합니다. 도라지로 만든 맛좋은 장아찌로 기운을 내보세요.

:: 준비할 재료
도라지 1kg, 소금 100g, 고추장 1kg

:: 이렇게 만드세요
1. **도라지 손질하기** 도라지는 깨끗하게 씻어 껍질을 벗긴다.
2. **도라지 소금에 절이기** 도라지가 잠길 정도로 물을 붓고 소금을 풀어 하루 정도 절인다.
3. **도라지 물기 빼기** 소금에 절인 도라지의 물기를 꼭 짜서 물기를 빼 놓는다.
4. **고추장에 담기** 도라지를 고추장에 골고루 버무려 항아리에 꼭꼭 눌러 담는다.
5. **고추장 갈기** 항아리 뚜껑을 열어 보아 도라지가 고추장을 충분히 흡수했다 싶으면 새로운 고추장으로 갈아 준다. 이렇게 고추장 갈아 주는 일을 6회 정도 반복한다. 집에서 간단히 먹을 때는 3회 정도만 바꿔 주어도 맛있게 먹을 수 있다.

⭐ **도라지는 2년생을 고르세요**
도라지장아찌는 11월경에 담그는 것이 가장 맛이 좋습니다. 특히 2년생 도라지가 맛이 좋지요. 도라지를 고를 때는 잔뿌리가 많지 않고 대가 통통하며 굵은 것으로 고르세요. 그래야 장아찌를 담갔을 때 볼품이 있고 맛도 좋습니다. 또 머리 부분이 굵고 길이가 길며 표면이 매끈한 것은 중국산일 수 있으니 주의하세요.

씹을수록 배어 나오는 깊은 풍미

더덕장아찌

더덕장아찌는 저희 집을 찾는 손님들이 가장 좋아하는 반찬 중의 하나랍니다. 쌉싸래하면서도 달콤한 게 씹을 때마다 색다른 풍미를 내기 때문이지요. 한마디로 더덕장아찌는 고추장 장아찌의 귀족이라고 할 수 있습니다. 마늘종장아찌도 씹을 때마다 배어 나오는 마늘대의 향기가 아주 좋은 장아찌죠.

: : 준비할 재료
더덕 1kg, 소금 100g, 고추장 1kg

: : 이렇게 만드세요
1. **더덕 손질하기** 더덕은 깨끗하게 씻어 껍질을 벗긴다.
2. **더덕 소금에 절이기** 더덕이 잠길 만큼의 물에 소금을 풀고 더덕을 담가 물에 하루 정도 절인다.
3. **더덕 물기 빼기** 더덕을 꼭 짜서 물기를 잘 뺀다.
4. **고추장에 담기** 물기를 뺀 더덕을 고추장에 버무려 항아리에 꼭꼭 눌러 담는다.
5. **고추장 갈기** 뚜껑을 자주 열어 보아 더덕이 고추장을 충분히 흡수했다 싶으면 새로운 고추장으로 갈아 준다. 이렇게 고추장을 갈아 주는 일을 6회 정도 반복한다. 번거로울 때는 2~3회만 고추장을 바꿔 주어도 충분히 맛있게 먹을 수 있다.

☆ **더덕은 3년생으로 고르세요**
모든 식품이 다 그렇겠지만 더덕 역시 자연산이 가장 좋습니다. 향기가 좋고, 진액도 많이 나와서 영양이 풍부하지요. 특히 3년 정도 자란 것이 제일 좋습니다. 더덕을 고를 때는 더덕의 몸통이 적당히 굵고 반듯한 것을 고르세요. 이런 더덕이 껍질을 까기도 쉬울 뿐만 아니라 맛도 더 좋답니다.

쫄깃하면서도 아삭한 맛
마늘종장아찌

마늘종은 간장에 볶아도 맛있지만 장아찌로 담가 놓아도 좋습니다. 대가 길고 통통한 마늘종을 골라서 소금에 절였다가 고추장에 박아두면 쫄깃하면서도 아삭거리는 맛이 감칠맛이 난답니다.

∷ 준비할 재료
마늘종 1kg, 소금 100g, 고추장 1kg

∷ 이렇게 만드세요
1. **마늘종 손질하기** 마늘종은 가늘고 억센 윗 부분을 잘라 내고 3~4cm 길이로 썬다. 마늘종이 잠길 만큼의 물에 소금을 풀어 마늘종을 하루 정도 절인다. 꼭 짜서 물기를 뺀다.
2. **고추장에 담기** 마늘종을 고추장에 살살 버무려 항아리에 꼭꼭 눌러 담는다.
3. **고추장 갈기** 뚜껑을 자주 열어 보아 마늘종이 고추장을 충분히 흡수했다 싶으면 새 고추장으로 갈아 준다. 이것을 6회 정도 반복한다. 번거로울 때는 2~3회만 바꿔 주어도 좋다.

⭐ **마늘종은 대가 굵은 걸로 고르세요**
마늘이 크고 단단하게 열리도록 하기 위해 솎아 낸 것이 마늘종입니다. 마늘은 주로 늦가을에 심으며 그에 따라 마늘종은 5월경에 나오는 것이 가장 맛이 좋습니다. 마늘을 고를 때는 대가 길고 통통하며 연한 것을 고르세요. 이런 마늘이 장아찌를 담그면 모양도 예쁘고 맛도 좋답니다.

보너스 요리

풋고추장아찌

준비할 재료
풋고추 1kg, 소금 100g, 고추장 1kg

이렇게 만드세요
1. **풋고추 손질하기** 풋고추는 맵지 않은 것으로 골라 잘 씻어서 꼭지를 1cm 정도 남기고 잘라 놓는다.
2. **풋고추 절이기** 풋고추가 잠길 정도로 물을 잡아 준비한 소금을 푼 다음 1주일 정도 절였다가 물기를 완전히 뺀다.
3. **고추장에 담기** 물기를 뺀 풋고추를 고추장에 골고루 버무려 항아리에 꼭꼭 눌러 담는다.
4. **고추장 갈기** 항아리 뚜껑을 열어 보아 풋고추가 고추장을 충분히 흡수했다 싶으면 새로운 고추장으로 갈아 준다. 이렇게 고추장을 갈아 주는 일을 6회 정도 반복한다. 간단히 먹을 때는 3회 정도만 바꿔 주어 바로 먹어도 된다.

양파장아찌

준비할 재료
양파 1kg, 소금 100g, 고추장 1kg

이렇게 만드세요
1. **양파 절이기** 양파는 중간 크기로 골라 껍질을 벗긴 후 양파가 푹 잠길 정도의 물에 소금을 풀어 담가 놓는다. 사나흘 정도 절인 다음 물기를 완전히 뺀다.
2. **고추장에 담기** 물기를 뺀 양파를 고추장에 골고루 버무려 항아리에 꼭꼭 눌러 담는다.
3. **고추장 갈기** 항아리 뚜껑을 열어 보아 양파가 고추장을 충분히 흡수했다 싶으면 새로운 고추장으로 갈아 준다. 양파는 쉽게 물러지므로 한 번 정도 고추장을 간 다음에는 냉장 보관해서 바로 먹는 것이 좋다.

오래 먹어도 물리지 않는 매콤 짭조름한 맛
오이장아찌

오이는 저희 집을 찾는 손님들이 아주 좋아하시는 장아찌랍니다. 오래오래 두고 먹어도 물리지 않고, 부드럽게 씹히는 맛이 먹을수록 혀끝을 감싸기 때문이죠. 그래서 해마다 제가 가장 많이 준비하는 장아찌가 모 심을 무렵 6월에 담그는 오이장아찌입니다.

: : 준비할 재료
오이 20개, 소금 100g, 물엿 300g, 고추장 1kg

: : 이렇게 만드세요
1. **오이 손질하기** 오이는 소금으로 문질러 깨끗하게 씻는다.
2. **절이기** 항아리에 오이를 차곡차곡 담고 오이가 잠길 분량으로 물을 잡아 소금을 잘 녹인 다음 붓는다.
3. **오이 물기 빼기** 오이가 잘 절여지면 건져서 물기를 꼭 짠다.
4. **오이 동그랗게 썰기** 오이의 동그란 모양을 살려 적당한 크기로 썬다.
5. **물엿에 버무리기** 적당한 크기로 썬 오이에 물엿을 넣고 버무린 다음 꼭 짠다.
6. **고추장에 담기** 오이를 고추장에 골고루 버무려 항아리에 꼭꼭 눌러 담는다.
7. **고추장 갈기** 뚜껑을 자주 열어 보아 무가 고추장을 충분히 흡수했다 싶으면 새로운 고추장으로 갈아 준다. 이것을 6회 정도 반복한다.

☆ 오돌토돌 가시가 난 오이가 맛이 좋아요
오이장아찌를 담그는 오이는 지나치게 굵지 않은 것으로 고르는 게 좋습니다. 오이를 부러뜨려 보아서 속에 씨가 없고, 껍질에는 오돌토돌한 잔가시가 많이 난 오이를 골라 제철인 6월에 장아찌를 담그도록 하세요.

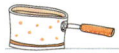

단단한 식감이 좋아요
무장아찌

고추장이 맛있게 배어든 무장아찌는 단단한 식감이 일품입니다.
아삭거리면서도 깊은 씹는 맛이 식욕을 돋워주지요.

:: 준비할 재료
무 5개, 소금 300g, 국간장 1리터, 간장 1리터, 고추장 1kg

:: 이렇게 만드세요
1. **무 손질하기** 무를 깨끗하게 씻어 껍질을 벗긴다. 적당한 크기로 굵게 채 썬다.
2. **소금에 절이기** 채 썬 무에 소금을 뿌려 절인 다음 물기를 꼭 짠다.
3. **간장에 절이기** 국간장과 간장을 같은 비율로 섞은 다음 물기를 뺀 무를 담근다. 무에 간장 색이 충분히 배어들 때까지 담가 둔다.
4. **고추장에 담기** 무에서 간장 물기를 빼낸 다음 고추장에 버무려 항아리에 꼭꼭 눌러 담는다.
5. **고추장 갈기** 뚜껑을 자주 열어 보아 무가 고추장을 충분히 흡수한 듯 보이면 새 고추장으로 갈아 준다. 이것을 7회 정도 해주면서 잘 삭힌다.

☆ **무는 단단하고 무거운 것으로 고르세요**

무는 김장 무가 가장 맛이 좋습니다. 매운맛이 덜하고 달콤한 맛이 많이 나지요. 장아찌용 무를 고를 때는 단단한 것과 같은 크기라도 더 무거운 것으로 고르는 게 좋답니다

과육의 씹히는 맛이 일품
매실장아찌

덜 익은 청매로 담근 매실 장아찌는 설탕에 재워 매실청을 담그기도 하지만 고추장에 재웠다가 장아찌로 먹어도 맛이 좋습니다. 단단한 청매를 골라서 맛있는 장아찌를 만들어 보세요.

:: 준비할 재료
청매 1kg, 소금 100g, 고추장 1kg

:: 이렇게 만드세요
1. **청매 소금에 절이기** 청매가 잠길 만큼의 물에 소금을 녹여 여기에 청매를 푹 담가서 절인다.
2. **청매 손질하기** 잘 절인 청매는 껍질을 벗긴 다음 깨끗이 씻는다. 건져서 물기를 빼 둔다.
3. **고추장에 담기** 물기를 뺀 청매를 고추장에 잘 버무려 항아리에 꼭꼭 눌러 담는다.
4. **고추장 갈기** 청매가 고추장을 충분히 흡수하면 고추장이 하얗게 변한다. 이때 새 고추장으로 갈아 주며 이것을 6~7회 정도 반복한다.

☆ 매실은 재래종 청매로 담그세요
6월 중순이 되면 매실이 시장에 나오기 시작합니다. 그동안 여러 가지의 매실로 장아찌를 담가 봤지만 가장 맛있는 게 재래종 청매더군요. 매실은 너무 크지 않은 중간 크기의 단단한 청매로 골라서 장아찌를 담그세요. 그것이 가장 맛이 좋습니다.

몸에도 좋고, 맛도 좋고
마늘장아찌

마늘이 몸에 좋다는 건 다 아시지요? 마늘로 만든 고추장 장아찌는 입맛을 깔끔하게 정리해 주어 밥반찬은 물론 술안주로도 제격이랍니다. 요즘 건강 식품으로 인식되면서 찾는 분들이 늘어나 저도 담는 양을 해마다 늘리고 있죠. 많이 먹을수록 좋은 마늘장아찌, 가족의 건강을 위해 많이 담가 먹자고요.

:: 준비할 재료
마늘 20개, 소금 100g, 고추장 1kg

:: 이렇게 만드세요
1. **마늘 손질하기** 마늘의 껍질을 잘 벗긴 다음 깨끗하게 씻는다.
2. **마늘 물기 빼기** 씻은 마늘의 물기를 완전히 뺀다.
3. **소금에 절이기** 마늘이 잠길 만큼 물을 잡아 소금을 풀어 잘 녹인 뒤 마늘을 담가 절인다.
4. **고추장에 담기** 마늘을 씻어 물기를 없앤 후 고추장에 버무려 항아리에 꼭 눌러 담는다.
5. **고추장 갈기** 마늘이 고추장을 흡수하면 고추장이 하얗게 변하게 된다. 이 때 새 고추장으로 갈아 주며 이것을 6~7회 정도 반복한다.

★ **마늘은 밭마늘을 골라 담그세요**
장아찌를 담그는 마늘로는 육쪽 마늘보다 알이 잘 벌어지는 밭마늘이 더 좋습니다. 밭마늘은 까기가 쉬울 뿐만 아니라 저장성도 아주 좋지요. 또 오랜 시간이 지나도 모양이 뭉그러지지 않아 장아찌를 담그기에는 그만이에요.

南·道·味 매운맛 행복밥상

묵을수록 더해지는 감칠맛

감장아찌

가을이 되면 온 동네 사람들이 감을 따서 곶감이니 감장아찌를 만드느라 부산했던 시절이 있었습니다. 이렇게 만들어 둔 감장아찌는 묵을수록 감칠맛이 더해져 언제 내 놓아도 입맛을 당기게 했지요. 소금과 참기름을 몇 방울 떨어뜨려 조물조물 무치면 더욱 특별한 별미가 됩니다.

:: 준비할 재료
감 1kg, 소금 200g, 고추장 1kg

:: 이렇게 만드세요
1. **감 씻기** 발갛게 익어 가는 감을 골라 깨끗하게 씻은 다음 항아리에 차곡차곡 담는다.
2. **소금에 절이기** 감에 물이 잠기도록 붓고 소금을 풀어 일주일 정도 절인다.
3. **소금물 빼기** 소금기가 배면 감 꼭투리를 따내고 물기를 완전히 없앤다.
4. **고추장에 담기** 감을 고추장에 버무려 꼭꼭 눌러 담는다.
5. **고추장 갈기** 뚜껑을 열어 보아 감이 고추장을 충분히 흡수했다 싶으면 새로운 고추장으로 갈아 준다. 이것을 6회 정도 반복한다. 먹을 때는 얇게 썰어서 낸다.

⭐ **서리 오기 전에 딴 감으로 장아찌를 담그세요**

감 장아찌는 감이 한창 제철인 10월에 담습니다. 아직 서리가 오기 전에 딴 감으로 장아찌를 담가야 하지요. 장아찌를 만들기 위해서는 가능하면 굵고, 상처가 없는 것으로 고르는 게 좋습니다. 저는 덜 익은 땡감으로 장아찌를 담습니다. 익은 감은 숙성시키는 과정에서 물러지므로 반드시 땡감으로 장아찌를 담그는 게 좋습니다.

자린고비도 단숨에 먹어 버릴 진귀한 맛
굴비장아찌

굴비장아찌는 귀한 재료로 담그는 만큼 정성이 참 많이 들어가야 합니다. 내장을 빼 내고 손질하는 것만으로도 시간과 공이 많이 들어가지요. 그래서 꾸덕꾸덕 말린 굴비를 고추장에 박아 맛을 들여 놓으면, 마치 보물을 숨겨 놓은 듯 마음이 뿌듯하답니다. 귀한 손님들이 찾아오셨을 때 상에 내놓으면 모두들 만족하니 보물은 보물이지요.

:: 준비할 재료
굴비 5마리, 소금 300g, 고추장 1kg

:: 이렇게 만드세요
1. **굴비 손질하기** 굴비는 중간 크기로 골라 비늘을 잘 벗긴 다음 내장을 빼 낸다.
2. **굴비 씻기** 소금과 적당량의 물을 섞어 짭짤한 소금물을 만든 뒤 여기에 굴비를 넣고 깨끗하게 씻는다.
3. **굴비 말리기** 굴비가 꾸덕꾸덕해질 때까지 충분히 말린다.
4. **고추장에 박기** 고추장에 굴비를 박아 꼭 눌러 놓는다.
5. **고추장 갈기** 뚜껑을 열어 보아 굴비에 고추장이 충분히 흡수되었으면 새로운 고추장으로 갈아 준다. 이것을 2회 정도 반복한다. 굴비를 통째로 담그지 않고 살만 저며서 담그면 좀더 빨리 먹을 수 있다.

⭐ **굴비장아찌는 이른 봄에 담그세요**
굴비는 참조기를 골라서 잘 말려야 장아찌도 맛이 난답니다. 소금간을 한 다음 잘 말려야 하므로 파리가 생기기 전인 4월 무렵에 담가야 해요. 꾸덕꾸덕 잘 말리지 않으면 비린내가 나게 되므로 주의해야 합니다.

향긋하고 상큼한 맛, 누구나 좋아해요
깻잎장아찌

깻잎은 향긋한 맛이 일품이죠. 그래서 들깻잎을 넣게 되면 어떤 음식이나 향긋한 풍미가 감돌아 맛이 좋아진답니다. 깻잎으로 만든 장아찌 역시 그 향긋한 맛이 얼마나 잘 살아 있느냐 하는 게 맛을 결정하지요. 그렇게 담그려면 좋은 깻잎을 구해야 합니다. 잎이 너무 크지 않고 싱싱한 것으로 골라 장아찌를 담그도록 하세요.

:: 준비할 재료
들깻잎 200장, 짭짤한 소금물 적당량, 고추장 1kg

:: 이렇게 만드세요

1. **깻잎 손질하기** 들깻잎을 물 속에 담가 한 장씩 깨끗이 씻는다. 마른 행주로 물기를 잘 닦은 다음 10장씩 묶음을 만든다.
2. **소금에 절이기** 짭짤하게 소금물을 만든 다음 여기에 깻잎을 차곡차곡 담가 묵직한 돌로 눌러 놓는다.
3. **씻어 건져 놓기** 깻잎이 소금물에 절여져 노릇하게 익으면 흐르는 물에서 다시 한 장씩 씻어 물기를 뺀다.
4. **고추장에 담기** 깻잎 한 장마다 고추장을 발라서 항아리에 차곡차곡 담아 둔다.
5. **고추장 갈기** 깻잎이 고추장을 충분히 흡수하면 새로운 고추장으로 갈아 준다. 이것을 6회 정도 반복한다.

★ **깻잎은 9월에 따서 담그세요**
장아찌를 담글 깻잎은 너무 크지 않고 자잘한 것이 좋습니다. 또 가능하면 잎이 빳빳하고 싱싱한 것으로 골라서 담가야 제 맛이 나지요. 9월경에 나오는 깻잎이 가장 좋은 것 같아 저는 언제나 9월이면 깻잎을 따서 장아찌를 담근답니다.

쌉쌀하고 매콤한 맛이 군침을 돌게 해요
고들빼기장아찌

고들빼기는 쌉싸래한 맛이 일품인 채소입니다. 쌉쌀하면서도 쓴맛이 혀끝에 오래도록 남아서 식욕을 살려 주지요. 쌉소름하면서도 매콤하고, 매콤하면서도 달착지근한 고들빼기장아찌를 담가 먹는 것도 지혜로운 주부가 할 일 아닐까요?

∷ 준비할 재료
고들빼기 1kg, 소금 300g, 고추장 1kg, 물엿 300g

∷ 이렇게 만드세요
1. **고들빼기 손질하기** 고들빼기는 깨끗하게 다듬은 후 씻는다.
2. **소금에 절이기** 고들빼기가 잠길 정도로 물을 잡아 소금을 푼 다음 고들빼기를 넣고 사나흘 정도 절인다.
3. **고들빼기 씻기** 고들빼기를 다시 한 번 씻어 놓는다.
4. **고추장에 박기** 물기를 완전히 뺀 후 고추장에 박는다.
5. **고추장 갈기** 고추장을 충분히 흡수했을 때 새 고추장으로 갈아 준다.

★ **고들빼기는 뿌리가 곧게 뻗은 걸로 고르세요**
고들빼기장아찌는 10월에 담그는 게 좋습니다. 고들빼기를 고를 때는 대가 짧으면서 빳빳하고, 뿌리가 곧게 쭉 뻗어 있는 걸로 골라야 맛이 좋습니다. 고들빼기는 잘못하면 쓴맛이 강하게 조리되므로 쓴맛을 빼기 위해서 소금간을 잘 하는 게 중요하지요.

씁싸래한 고소한 맛
머위장아찌

쌈을 싸먹거나 무침으로 많이 먹는 머위 잎으로도 장아찌를 담글 수 있습니다. 쓴맛을 빼기 위해 소금물에 오래 절였다가 고추장에 박는 것이 맛있는 장아찌를 담그는 비결입니다.

:: 준비할 재료
머위 1kg, 소금 300g, 고추장 1kg, 물엿 300g

:: 이렇게 만드세요
1. **머위 손질하기** 머위는 깨끗하게 다듬은 후 씻는다.
2. **소금에 절이기** 재료가 잠길 정도의 물에 소금을 풀어 머위를 넣고 사나흘 정도 절인다.
3. **고추장에 박기** 머위를 다시 한 번 씻은 다음 물기를 완전히 뺀 후 고추장에 박는다.
4. **고추장 갈기** 6회 정도 새 고추장으로 갈아 준 다음 마지막 고추장을 넣을 때 물엿을 약간 넣어 함께 버무린다.

☆ **잎이 너무 피지 않은 걸로 고르세요**
머위장아찌는 주로 5월에 담급니다. 머위를 고를 때는 잎이 너무 퍼지지 않은 걸로 골라야 맛이 좋습니다. 머위는 쓴맛이 많이 나는 채소이므로 소금에 오래 절인 다음 고추장에 박아 장아찌를 담그는 게 좋습니다.

보너스 요리

고춧잎장아찌

준비할 재료
고춧잎 1kg, 소금 300g, 고추장 1kg, 물엿 300g

이렇게 만드세요
1. **고춧잎 손질하기** 고춧잎을 깨끗하게 다듬은 후 씻는다.
2. **소금에 절이기** 재료가 잠길 정도의 물에 소금을 풀어 고춧잎을 넣고 사나흘 정도 절인다.
3. **고추장에 박기** 고춧잎을 다시 한 번 씻은 다음 물기를 완전히 뺀 후 고추장에 박는다.
4. **고추장 갈기** 6회 정도 새 고추장으로 갈아 준 다음 마지막 고추장을 넣을 때 물엿을 약간 넣어 함께 버무린다.

두릅장아찌

준비할 재료
두릅 1kg, 소금 300g, 고추장 1kg, 물엿 300g

이렇게 만드세요
1. **두릅 손질하기** 두릅을 깨끗하게 다듬은 후 씻는다.
2. **소금에 절이기** 재료가 잠길 정도의 물에 소금을 풀어 두릅을 넣고 사나흘 정도 절인다.
3. **고추장에 박기** 두릅을 다시 한 번 씻은 다음 물기를 완전히 뺀 후 고추장에 박는다.
4. **고추장 갈기** 6회 정도 새 고추장으로 갈아 준 다음 마지막 고추장을 넣을 때 물엿을 약간 넣어 함께 버무린다.

대한민국 매운맛의 대표 선수!

김치

PART 6

외국에 원정 나가는 운동 선수들은 짐을 꾸릴 때 김치를 꼭 챙긴다더군요.
매운 김치를 먹어야 힘이 나기 때문이랍니다.
저도 외국 여행을 갔다가 김치를 가져가지 않아서 후회한 적이 있어요.
밥상에 늘 김치가 있어야 기운을 얻는 한국 사람의 필수 식품, 김치.
대한민국 주부라면 이제 맛깔나는 김치 한두 가지쯤은 담글 줄 알아야겠지요?

요리 재료는 4인분 기준입니다.

쿠킹센스 1
배추 맛있게 절이려면
배추를 맛있게 절이려면 배추 1포기당 물 10컵에 1.5~2컵 정도의 비율로 굵은 소금을 넣는 게 좋아요. 준비한 소금 가운데 반은 소금물을 만들어 배추를 담그고, 나머지 소금은 배추 사이사이에 뿌려 절이면 맛있게 절여진답니다.

쿠킹센스 2
김치 소에 부추를 넣으세요
배추김치 소를 버무릴 때 부추를 듬뿍 넣어 주면 김치의 향이 좋아질 뿐만 아니라 익어 갈수록 맛이 더 좋아지지요. 또 김치 소 양념에 마른 고추의 씨를 모아 두었다가 갈아 넣으면 칼칼한 맛이 더해져 김치 맛을 더욱 개운하게 한답니다.

쿠킹센스 3
간은 소금 대신 국간장으로 맞추세요
저는 어떤 김치를 담가도 간은 국간장으로 맞춘답니다. 제가 직접 쑨 메주로 만든 국간장으로 간을 하면 김치가 달착지근하면서도 깊은 맛을 내거든요. 소금으로 간을 맞추면 때에 따라서는 씁쓸한 쓴맛이 나기도 하는데, 국간장으로 간을 하면 이런 맛이 없어지게 된답니다.

우리 고유의 토속 맛, 김치…
더 맛있게 만드는 비법

사시사철 먹어도 물리지 않는 김치는 우리에겐 빼놓을 수 없는 소중한 양식이지요. 소금에 너무 오래 절이면 찔깃해져 맛이 없어지고, 너무 잠깐 절이면 맹맹하니 맛이 없어지는 게 김치이죠. 그래서 김치를 담글 때면 소금에 절이는 것부터 어느 것 하나 소홀히 넘길 수가 없습니다. 맛깔스런 김치, 어떻게 담가야 하는지 제 손맛을 알려드릴게요.

쿠킹센스 4
백김치 국물로는 북어 국물이 좋아요
고춧가루를 넣지 않고 담근 백김치는 담백하고 시원한 맛이 일품이죠. 백김치의 국물은 조금 번거롭더라도 그냥 생수 대신 북어를 끓인 물이나 멸치 국물 등을 끓여 식힌 것을 사용하도록 하세요. 이렇게 하면 구수하면서도 담백한 맛이 입맛을 당기는 맛난 김칫국물이 된답니다.

쿠킹센스 5
백김치 담글 때는 배추의 물기를 충분히 빼세요
백김치를 담글 때는 절인 배추를 반나절 이상 체에 받쳐 물기를 충분히 빼는 것이 좋아요. 가늘게 채 썬 무와 쪽파, 양파, 대추, 밤, 당근 등의 채소 채 썬 것을 고춧가루를 뺀 갖은 양념에 넣고 섞어 새콤한 양념을 만들지요. 그런 다음 물기 뺀 배추에 양념을 넣고 버무리면 맛있는 백김치가 됩니다.

쿠킹 자투리 메모
김치 담그고 남은 배추, 무 어떻게 활용할까?

1. 배추 겉잎으로 군내를 막으세요
질기고 억센 배추 겉잎은 대개 버리기 쉽지요. 하지만 소금에 절였다가 물기를 뺀 다음 김치 위에 한 겹 덮어 놓으면 김장김치에서 군내가 나는 걸 막을 수 있어요. 게다가 김치가 삭으면서 덮어 놓은 배추에도 간이 배어들기 때문에 나중에 찌개를 끓일 때 이 이파리를 넣어도 아주 좋지요.

2. 생선 보관할 때도 배춧잎을 이용해 보세요
조림용으로 구입한 생선을 냉동실에 보관할 때 넓적한 배춧잎으로 싸 두세요. 생선끼리 달라붙지도 않고, 수분이 증발하는 것도 막아 신선하게 냉동 보관할 수 있답니다. 깨끗이 손질해 놓은 배춧잎은 조림할 때 함께 넣으면 아주 맛이 좋아지죠.

3. 자투리 무는 강판에 갈아서 보관해 두세요
무가 남으면 대개 썰어서 말려 두었다가 찌개에 넣어 먹게 되지요. 생선 요리를 자주 해 먹는 집이라면 무를 강판에 곱게 갈아 물기를 뺀 후 동그랗게 모양을 만들어 비닐 랩에 싸서 냉동실에 보관해 두고 사용해 보세요. 간장 양념을 만들 때 아주 편리하답니다.

아삭아삭 씹는 소리까지 맛있다
배추김치

제 김치 맛을 좋아하는 사람들이 많아서 한 해에도 김장을 여러 차례 한답니다. 한 번에 보통 배추 1백 포기 정도는 담고, 초겨울 김장 때는 적어도 5백 포기 이상 담그는 것 같아요. 빨리 먹을 김치는 굴도 듬뿍 넣지만, 오래도록 두고 먹어야 하는 김치에는 멸치젓과 새우젓만 넣어서 깔끔하게 맛을 내지요.

: : 준비할 재료
배추 10포기, 굵은 소금 8컵, 대파 2뿌리, 쪽파 1단, 미나리 2단, 갓 1단, 굴 1컵, 멸치젓 ½컵, 새우젓 1컵, 통마늘 15개, 생강 5톨, 무 4개, 고구마 1개, 늙은호박 1쪽, 말린 고추 300g, 고춧가루 3컵, 국간장 1컵, 소금 6큰술, 설탕 4큰술

: : 배추 다듬기
1. 배추는 겉잎을 떼고 다듬어 뿌리 쪽에서 10cm 정도 칼집을 넣는다.
2. 배추가 부서지지 않게 양손으로 잡고 힘껏 벌려 반으로 쪼갠다.
3. 반으로 가른 배추 윗부분과 배춧잎 사이사이에 굵은 소금을 골고루 뿌린다.
   10포기 기준으로 소금 5컵을 물 10컵 정도에 푼 소금물에 배추를 절인다.
   소금 3컵은 사이사이에 뿌려 넣어 5시간 이상 절인다.

★ **고춧가루와 말린 고추를 반씩 섞어서 담그세요**

저는 김치를 담글 때 가능하면 말린 고추를 갈아서 씁니다. 칼칼한 맛이 더 잘 살아나거든요. 또 간은 소금간보다 국간장(흔히 '조선간장'이라 하지요)으로 맞추어야 김치가 훨씬 맛깔스러워지더군요. 늙은호박과 고구마를 잘게 채썰어 넣기도 하는데 이렇게 하면 김치에서 달착지근한 맛이 살아나 더욱 좋습니다.

:: **양념 준비하기**

1. 깨끗이 씻은 대파, 쪽파, 미나리, 갓을 4cm 길이로 썰어 준비한다.
2. 굴은 씻은 후 체로 찌꺼기를 가려 내고, 멸치젓과 새우젓 건더기는 잘게 다진다.
3. 마늘과 생강은 깨끗이 씻어 곱게 다지고, 무도 씻어서 얄팍하게 동글썰기한 후 채 썬다. 고구마와 늙은호박도 잘게 채 썰어 둔다.
4. 말린 고추는 반으로 갈라서 씨를 뺀 다음 깨끗하게 씻는다. 말린 고추에 국간장을 넣고 곱게 간 다음 고춧가루와 함께 섞어 불려 놓는다.

:: **김치 버무리기**

1. 말린 고추 간 것과 함께 불린 고춧가루를 무채에 넣고 고루 비빈 뒤 다진 마늘, 다진 생강을 넣고 버무린다.
2. ①에 썰어 놓은 실파와 대파, 미나리, 갓, 호박채, 고구마채를 넣고 버무린다.
3. ②에 다져 놓은 새우젓과 멸치젓을 넣은 다음 골고루 버무린다.
4. ③에 소금 6큰술과 설탕 4큰술을 넣어 간을 맞춘다.
5. 굴은 다른 재료를 완전히 버무린 후 맨 마지막에 넣어야 으깨지지 않는다.
6. 절인 배추의 밑동을 다듬은 후 배춧잎을 한 잎씩 들추어 김치 소를 꼭꼭 눌러 넣고 나머지 잎에도 소를 골고루 묻힌다.
7. 배추에 넣은 소가 쏟아지지 않도록 배춧잎 끝을 위로 붙이면서 배추를 아무려 전체를 둥글게 감싼다. 항아리에 한 포기씩 담는다.

  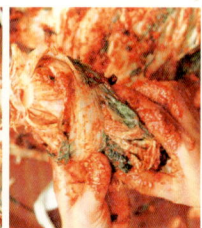

김장김치 더 맛깔스럽게 담그려면

1 싱싱한 재료를 고른다
오래 두고 먹을 김장김치는 무엇보다 재료 선택을 잘 해야 한다. 배추와 무, 양념과 젓갈류 등 김치 맛을 좋게 하는 재료들은 모두 싱싱한 것만을 이용한다.

2 조리 시간을 지킨다
배추나 무 같은 재료를 덜 절이거나 많이 절이면 너무 싱겁거나 짜서 맛이 없게 된다. 배추는 줄기와 잎이 휘어질 정도로 적어도 5시간 이상 절여 준다.

3 맛깔스런 젓갈로 김치 맛을 살린다
새우젓, 멸치젓 등 독특한 맛을 내는 여러 종류의 젓갈을 함께 섞어서 담그면 김치 맛이 더욱 깊고 담백해진다.

4 고춧가루를 물에 불린다
김치를 담그기 하루 전에 고춧가루를 따뜻한 물에 불려 두었다가 사용하면 더욱 맛깔스런 빛깔을 낼 수 있다.

5 말린 고추를 갈아서 넣는다
고춧가루와 같은 비율로 말린 고추를 갈아서 넣으면 김장김치에서 칼칼한 맛이 난다. 말린 고추는 씨를 꼭 뺀 뒤에 사용해야 김치가 깔끔해진다.

색다른 김치 맛이 생각날 때
파김치

매콤한 파김치는 배추김치가 물린다 싶을 때 밥상에 올리면 가족들 손이 저절로 가는 유용한 김치입니다. 담그기도 쉽고, 익힐수록 색다른 맛이 살아나는 파김치를 미리미리 만들어 냉장고에 보관해 두고 드세요. 새로운 김치 맛이 생각날 때마다 꺼내 놓으면 가족들 입맛이 살아날 거예요.

:: 준비할 재료
쪽파 1단, 통깨 2큰술, 소금 적당량

양념장》
말린 고추 100g, 통마늘 2개, 생강 1톨, 멸치젓 2큰술, 국간장 2큰술, 설탕 3큰술

:: 이렇게 만드세요

1. **쪽파 다듬기** 쪽파는 시든 잎을 따 내고 깨끗이 비벼 가며 씻어 엷은 소금물에 잠깐 절인다.
2. **양념 만들기** 말린 고추는 반으로 갈라 씨를 털어 내고 깨끗하게 씻어 놓는다. 마늘과 생강을 다진 다음 멸치젓, 국간장, 말린 고추와 함께 섞어 믹서에 넣고 곱게 간다.
3. **버무리기** 파를 살짝 헹구어 물기를 뺀 후 준비한 양념에 버무린다. 통깨를 넣고 소금, 설탕을 넣어 간을 맞춘다.
4. **파김치 가닥 지어 담기** 버무린 파김치를 5~6가닥씩 잡고 돌돌 말아 묶어서 항아리에 차곡차곡 눌러 담는다

☆ **파김치는 꼭 묶어서 항아리에 담아 두세요**

파김치는 버무릴 때 5~6가닥씩 잡아 돌돌 말아서 항아리에 넣어 두세요. 그러면 꺼내 먹기가 아주 편하답니다. 그냥 담가서 넣어 두면 파김치가 엉켜서 꺼낼 때도 불편하고 접시에 깔끔하게 내놓을 수가 없거든요.

상큼한 향을 맛보고 싶을 때
깻잎김치

깻잎으로 김치를 담가 두면 오래도록 깻잎의 향을 즐길 수 있지요. 연한 깻잎을 골라서 갖은 양념을 해서 무쳐놓으면 오래도록 맛깔스런 깻잎 김치를 맛볼 수 있습니다.

:: 준비할 재료

깻잎 300장, 당근 1개, 양파 2개, 말린 고추 200g, 통마늘 2개, 생강 1톨, 멸치젓 1큰술, 국간장 3큰술, 설탕 3큰술, 굵은 소금 적당량

:: 이렇게 만드세요

1. **들깻잎 손질하기** 연하고 어린 깻잎을 골라 물에 깨끗이 씻은 다음 짭짤한 소금물에 담가 한 나절 정도 절인다.
2. **채소 손질하기** 당근과 양파는 껍질을 벗기고 가늘게 채 썰어 둔다. 마늘, 생강은 다진다.
3. **양념 만들기** 말린 고추는 반으로 갈라 씨를 털어 내 깨끗하게 씻어 놓는다. 다진 마늘, 생강, 멸치젓, 국간장을 말린 고추와 함께 섞어 믹서에 넣고 곱게 간다. 설탕을 넣어 간을 맞춘 다음 채 썬 당근과 양파를 넣어 버무린다.
4. **양념 묻히기** 깻잎의 물기를 뺀 후 5~6장씩 겹쳐 놓는다. 준비한 양념과 채소를 섞어 깻잎 사이사이에 골고루 넣어 묻히고 5~6장씩 묶어 놓는다.
5. **양념 붓기** 양념을 넣은 깻잎을 항아리에 차곡차곡 담는다. 연한 소금물을 양념 그릇에 부어 헹군 다음 깻잎김치를 담은 항아리 위에 붓는다.

☆ **깻잎은 연한 걸로 고르세요**

김치로 담가 먹을 깻잎은 연한 걸로 골라야 뻣뻣하지 않아서 맛이 좋답니다. 억센 걸로 김치를 담게 되면 익어갈수록 맛이 없어지거든요.

보너스 요리

배추겉절이

준비할 재료
배추 ¼포기, 굵은 소금 5큰술, 통깨 1큰술, 국간장 약간
김치 양념(말린 고추 2개, 쪽파 ⅓단, 고춧가루 ¼컵, 설탕 2큰술, 다진 대파 2큰술, 다진 마늘 1큰술, 다진 생강 ½큰술, 멸치젓 · 참기름 1큰술씩)

이렇게 만드세요
1. **배추 손질하기** 배추는 속이 꽉 차고 잎이 연하며 얇은 것으로 고른다. 겉잎을 떼고 깨끗이 씻어 4등분한다. 굵은 소금을 배추가 잠길 만큼의 물에 풀어 배추를 넣고 충분히 절인다. 가볍게 헹궈 먹기 좋은 크기로 쭉쭉 찢는다.
2. **채소 손질하기** 말린 고추는 반 갈라 씨를 털어 내고 깨끗이 씻어 2~3cm 길이로 채 썬다. 쪽파도 깨끗이 씻어 고추와 같은 길이로 썬다.
3. **양념 만들기** 고춧가루를 따뜻한 물에 개어 나머지 양념 재료를 모두 넣고 고루 섞는다.
4. **배추 버무리기** 찢어 놓은 배추에 양념을 넣고 잘 섞어 버무린다. 싱거우면 국간장을 조금 넣어 맛을 낸다. 마지막으로 통깨를 뿌려 버무린 후 접시에 담는다.

돌나물물김치

준비할 재료
돌나물 200g, 무 ¼개, 생밤 3개, 대파 2뿌리, 쪽파 3뿌리, 마늘 2톨, 홍고추 · 풋고추 1개씩, 고춧가루 1큰술, 고운 소금 2큰술

이렇게 만드세요
1. **돌나물 손질하기** 돌나물은 깨끗이 다듬고 손질해서 씻은 다음 물기가 빠지도록 체에 밭친다.
2. **채소 손질하기** 무는 사방 2cm 크기 정도로 얄팍하게 나박 썰고 밤도 얄팍하게 저민다. 대파는 어슷 썰고 쪽파는 3cm 길이로 썬다. 마늘은 채치고 고추는 어슷 썰어 씨를 턴다.
3. **김칫국물 만들기** 고춧가루를 물에 촉촉하게 개어 불린 후 베 보자기에 넣고 물 5컵에 담가 조물조물 주물러 붉은 물을 우린다. 소금으로 간을 맞춘다.
4. **국물 붓기** 돌나물에 무, 밤, 파, 고추, 마늘을 넣어 살살 버무린 다음 김칫국물을 붓고 하루 이틀 정도 익혀 먹는다.

오독오독 씹히는 시원한 맛
깍두기

깍두기는 무의 시원한 맛이 살아나도록 담그는 게 요령입니다. 겨울에 특히 많이 먹는 사골 국물과 깍두기는 그야말로 환상의 콤비죠. 깍두기에 양념을 너무 많이 넣거나 굴 같은 해산물을 많이 넣게 되면, 익었을 때 깍두기가 물러지기 쉽습니다. 오래도록 오독오독 씹히는 맛있는 깍두기를 만드는 비법, 소개해 드릴게요.

:: 준비할 재료
무 2~3개(4kg), 어슷 썬 대파 2컵, 소금·설탕 적당량

> **양념장 》**
> 말린 고추 100g, 쌀가루 풀 1컵, 새우젓 ½컵,
> 다진 마늘 ⅔컵, 다진 생강 ⅓톨, 고춧가루 ½컵

:: 이렇게 만드세요

1. **무 손질하기** 무를 깨끗하게 씻어 사방 2~3cm 크기로 깍둑썰기한다. 무의 잎과 줄기도 깨끗하게 손질해 둔다.
2. **무 절이기** 소금과 설탕을 동일 비율로 섞은 물에 깍둑썰기한 무를 넣어 절인다. 무 이파리와 줄기는 따로 소금물에 절인다.
3. **양념하기** 말린 고추에 쌀가루 풀, 새우젓, 마늘, 생강을 넣어 곱게 간 다음 고루 섞어 양념에 간이 배도록 한다.
4. **버무리기** 절인 무와 이파리, 줄기의 물기를 뺀 다음 준비한 양념에 넣고 고춧가루와 굵게 어슷썰기한 대파를 넣어 잘 버무린다. 굴을 넣을 경우 마지막에 넣는다.
5. **무 담기** 잘 버무린 깍두기를 항아리에 꼭꼭 눌러 담고, 무청이나 배추 우거지 등으로 덮어 둔다.

★ **깍두기의 무를 절일 때는 설탕과 소금으로 하세요**

깍두기가 익으면 물컹거려서 맛이 없다는 분들이 많습니다. 하지만 익었을 때 물컹거리는 것을 막을 수 있는 방법이 있습니다. 바로 소금과 설탕을 같은 비율로 섞어서 절이는 것이지요. 무를 이렇게 섞어서 깍두기를 만들면 마지막 한 접시까지 무르지 않고 오독오독하는 싱싱한 맛을 느낄 수 있지요.

시원한 맛이 입에 착착 붙어요
열무김치

잘 익은 열무김치는 밥반찬뿐만 아니라 여러 가지 일품 요리를 만드는 데에 두루 쓰여서 아주 좋습니다. 열무김치에 고추장만 넣어 쓱쓱 비빔밥을 만들어도 먹어도 좋고요, 꽁보리를 푹 삶아 넣은 꽁보리 열무비빔밥을 옛날 생각하면서 먹어도 좋지요.

: : **준비할 재료**
열무 2단, 얼갈이 배추 1단, 굵은 소금 ½컵

> **양념장**》
> 쪽파 50g, 양파 3개, 풋고추 3개, 통마늘 2개, 말린 고추 100g, 멸치젓 2큰술, 생강 1톨, 소금 1큰술, 밀가루 풀(밀가루 2큰술, 물 5컵)

: : **이렇게 만드세요**

1. **열무와 배추 다듬기** 열무와 얼갈이 배추는 깨끗이 다듬어 모두 4~5cm 길이로 썬다. 열무와 얼갈이 배추를 따로 씻어 각각 굵은 소금을 골고루 뿌려 1시간 정도 절인다.
2. **채소 손질하기** 쪽파는 3~5cm 길이로 썰고, 양파는 껍질을 벗겨 굵직하게 채 썬다. 풋고추는 어슷 썰어 씨를 빼 내고 마늘과 생강은 믹서에 곱게 간다.
3. **밀가루 풀 쑤기** 밀가루에 물을 붓고 고루 저어 중간 불에서 서서히 풀을 쑨 뒤 식힌다.
4. **말린 고추 갈기** 말린 고추를 반으로 갈라서 물에 씻어 씨를 뺀다. 밀가루 풀에 말린 고추와 멸치젓을 섞어서 믹서에 곱게 간다.
5. **양념 만들기** ④에 간 마늘과 생강, 풋고추 썬 것, 양파와 쪽파 썬 것을 넣어 고루 섞는다.
6. **버무리기** 절인 열무와 배추를 씻어 물기를 뺀 다음 준비한 양념을 넣고 고루 버무린다.
7. **항아리에 담기** 잘 버무린 열무김치를 항아리에 눌러 담는다. 양념을 버무린 그릇에 물 1컵을 부어 묻어 남은 양념을 잘 씻어 내어 그 물을 김치 위에 붓는다.

☆ **양념 풀 대신 찬밥을 갈아 넣어도 돼요**

열무김치를 만들 때는 꼭 밀가루 풀이나 쌀가루 풀을 넣어야 해요. 그래야 국물이 걸쭉해지면서 새콤한 맛이 나거든요. 하지만 바쁠 때는 풀 쑤는 것도 번거로운 일이지요. 이럴 때는 풀 대신 찬밥을 믹서에 곱게 갈아 넣어도 깊은 맛이 난답니다. 또 열무는 너무 오래 절이면 질겨지니, 살짝 절여서 숨만 죽으면 바로 건져 내 김치를 담그는 게 좋아요.

깔끔한 국물맛이 시원해요
열무물김치

새콤하게 잘 익은 열무물김치로 시원한 물국수를 만들면 여름철 입맛 잃었을 때 그야말로 딱이죠. 시원한 물김치로 입맛을 살려보는 것은 어떨까요?

:: 준비할 재료

열무 1단, 얼갈이배추 ¼단, 굵은 소금 적당량, 말린 고추 100g, 미나리 5줄기, 쪽파 3뿌리, 양파 ½개, 무 ½개, 풋고추 5개, 홍고추 10개, 통마늘 2개, 생강 1톨, 고운 소금 약간, 설탕 2큰술, 밀가루 풀(밀가루 2큰술, 물 3컵)

:: 이렇게 만드세요

1. **열무와 배추 다듬기** 열무와 얼갈이 배추는 잘 다듬어서 씻은 다음 5cm 길이로 썬다. 짭짤한 소금물에 20~30분 정도 절인 다음 건져서 물기를 빼 둔다.
2. **고춧물 들이기** 말린 고추를 반으로 갈라 깨끗한 물에 씻어서 씨를 털어 낸다. 생수 7컵을 미지근하게 데운 후 3시간 정도 두어 선홍빛 물을 우려 낸다.
3. **채소 다듬기** 미나리, 쪽파는 5cm 정도로 썰고, 양파는 채 썬다. 무는 가로 세로 1.5cm 길이는 5cm 크기로 썰고, 마늘과 생강은 믹서에 곱게 갈아 둔다.
4. **밀가루 풀 쑤기** 물에 밀가루를 풀어 넣고 죽을 쑤어 놓는다.
5. **김칫국물 만들기** ②와 ④를 잘 섞은 후 고운 소금과 설탕을 넣어 간을 맞춘다.
6. **항아리에 담기** 항아리에 물기를 빼 둔 열무와 배추, 채소들을 모두 담고 김칫국물을 붓는다. 하루 정도 잘 익힌 다음 냉장고에 보관해 놓고 먹는다.

⭐ **물김치의 빛깔은 말린 고추로 내세요**

물김치를 담글 때는 말린 고추로 빨간 빛깔을 내는 게 좋답니다. 고춧가루를 쓰면 가루가 바닥에 가라앉아서 국물을 탁하게 만들거든요. 말린 고추에 미지근한 물을 부어 3시간 정도 두면 아주 예쁜 선홍빛 국물이 우러난답니다.

보너스 요리

백김치

준비할 재료
배추 5포기, 굵은 소금 5컵, 무(작은 것) 3개, 미나리 1단, 쪽파 ¼단, 대파 5뿌리, 통마늘 3개, 생강 1톨, 밤·대추 10개씩, 석이버섯 10장, 새우젓 ½컵, 잣 1큰술, 설탕 3큰술, 실고추·소금 약간씩

이렇게 만드세요
1. **배추 절이기** 배추는 겉잎을 떼어내고 뿌리 쪽에서 ⅓ 정도 칼집을 넣어 손으로 쪼갠다. 소금 3컵에 물 20컵을 넣어 만든 소금물에 배추를 담갔다가 꺼낸다. 배춧잎 사이에 나머지 소금을 뿌린 다음 다시 소금물에 담가 하루 저녁 정도 절인다. 중간에 위아래를 뒤집어 준다. 다 절여지면 흐르는 물에 서너 번 정도 헹군 다음 채반에 엎어 물기를 뺀다.
2. **채소 손질하기** 무는 채 썰고 미나리, 쪽파, 대파는 5cm 길이로 썬다. 마늘, 생강은 다진다.
3. **밤, 대추 손질하기** 밤은 속까지 납작하게 썰고 대추는 깨끗이 씻어 씨를 발라내 채 썬다.
4. **석이버섯 채 썰기** 석이버섯은 물에 불린 다음 뒤에 붙은 이끼를 칼 끝으로 깨끗이 긁어 내고 채 썬다.
5. **양념 만들기** 무채와 썰어 놓은 미나리, 쪽파, 대파에 다진 마늘, 다진 생강, 설탕, 소금을 넣어 버무린다.
6. **소 만들기** ⑤에 밤, 대추, 석이버섯, 새우젓, 잣, 실고추를 넣고 섞어 소를 만든다.
7. **김치 소 넣기** 배춧잎 사이사이에 소를 넣고 배추 겉잎으로 감싸서 항아리에 담는다. 돌이나 무거운 것으로 눌러 익힌다.

매운맛의 달인!
고추장 장인 설동순이 알려준
매운맛 요리 기본 공식

맛있는 음식의 감초, 양념장…
더 맛있게 만드는 비법

정성 들여 만든 음식의 맛을 더욱 깊게 음미하려면 양념장을 다양하게 만들어서 사용하는 것이 좋아요. 매운 고추장에 식초를 넣어 만든 초고추장은 파강회 등의 맛을 더 풍부하게 내주고, 국간장에 다진 마늘을 넣어 만든 간장 양념장은 묵을 무칠 때 필요한 양념장이죠. 요리에 따라 다양한 맛을 살려 주는 양념장 만드는 법을 알고 있으면 똑같은 요리도 좀더 색다르게 음미할 수 있답니다.

쿠킹센스 1 초고추장

초고추장은 고추장에 식초를 먼저 넣어 새콤한 맛과 농도를 조절한 다음 생강즙, 마늘즙, 참기름을 섞어 만드는 게 순서입니다. 마늘과 생강은 다져서 넣는 것보다는 강판에 갈아서 즙만 짜 넣는 것이 맛도 깔끔해질 뿐만 아니라 양념도 따로 놀지 않아 음식이 맛깔스럽게 되지요. 고추장과 설탕을 3큰술씩 같은 비율로 준비하고, 식초 1½ 큰술, 사이다 · 다진 마늘 1큰술씩을 넣어 잘 저어 준 다음 통깨를 1작은술을 뿌리면 맛있는 초고추장이 완성됩니다.

쿠킹센스 2 볶음 고추장

볶음 고추장은 밥반찬으로 먹어도 좋고, 볶음밥을 할 때 넣거나 비빔밥에 곁들여도 잘 어울리지요. 고추장 ½컵, 다진 쇠고기 100g, 저민 마늘 1큰술, 다진 생강 1작은술, 청주 · 참기름 · 설탕 · 통깨 1큰술씩, 물 4큰술을 준비합니다. 먼저 냄비에 참기름을 두르고 쇠고기, 청주, 저민 마늘을 넣어 잘 볶은 다음 고추장, 다진 생강, 설탕, 물을 넣고 살짝 끓이면 되죠. 통깨를 넣어서 마무리를 하면 맛있는 볶음 고추장이 완성됩니다.

쿠킹센스 3 불고기 양념장

불고기 양념장은 간장에 배즙을 같은 비율로 섞어서 만들면 좋습니다. 간장과 배즙을 4큰술씩 넣고, 청주와 설탕 · 다진 마늘 · 다진 파는 2큰술씩을 넣어서 잘 저은 다음, 후춧가루와 깨소금을 약간 넣으면 맛깔스런 양념장이 완성됩니다.

쿠킹센스 4 무침 양념간장

상추나 깻잎 등으로 겉절이를 할 때 새콤하고 짭짤한 무침용 양념간장을 넣으면 맛이 좋아지죠. 간장과 고춧가루·식초 4큰술씩과 물·깨소금·참기름 2큰술씩, 설탕 1큰술, 다진 파 1½큰술, 다진 마늘·다진 풋고추·다진 홍고추 약간씩을 넣어 잘 저으면 되지요.

쿠킹센스 5 달래간장

달래를 넣어 만든 달래간장은 조개 국물, 멸치 국물 등 맑은 국물의 국수나 탕 등의 건더기를 찍어 먹을 때 곁들이면 잘 어울립니다. 콩나물밥을 먹을 때도 색다른 풍미를 살려 주지요. 간장 4큰술에 송송 썬 달래 2큰술을 넣고 다진 풋고추와 홍고추 1큰술씩, 깨소금·참기름 약간씩을 넣어 고루 저어 주면 쉽게 만들어집니다.

쿠킹센스 6 조림 양념간장

채소나, 달걀, 생선, 감자 등의 조림을 할 때는 조림 양념간장을 준비해서 사용하면 좋아요. 간장 4큰술에 청주·설탕·생강즙을 3큰술씩 넣고, 다시마 국물을 ½컵 정도 부어 잘 저어 주세요. 기호에 따라 다진 마늘이나 고춧가루를 적당히 넣으면 맛이 더욱 새로워지죠.

쿠킹센스 7 된장 양념장

나물 무침이나 생선 조림에 잘 어울리지요. 다시마 국물을 약간 붓고 보글보글 끓이면 쌈장으로도 써도 손색이 없고요. 된장 4큰술에 고춧가루 2작은술, 간장 1작은술, 다진 파 2큰술, 다진 마늘 1큰술, 깨소금 2큰술, 참기름 1큰술, 설탕 약간을 넣고 잘 섞어 주세요.

쿠킹센스 8 매운 구이 양념장

더덕구이나 생선구이를 매콤하게 하고 싶을 때는 매운 구이 양념장을 만들어 써보세요. 고추장 4큰술에 설탕·깨소금·다진 파 2큰술씩을 넣고, 참기름과 다진 마늘 1큰술씩을 더 넣은 다음, 다진 생강을 약간 넣어 잘 버무려 주면 맛 좋은 매운 구이 양념장이 쉽게 완성된답니다.

맛있는 요리의 기본…
좋은 재료 고르는 비법

음식 만드는 일을 30여 년 가까이 해 온 터라 요리에는 무엇보다 좋은 재료와 음식을 만드는 사람의 정성이 들어가야 한다는 것을 절감한답니다. 제 아무리 요리의 명인이라고 해도 좋은 재료를 쓰지 않으면 음식의 맛이 좋아질 수가 없으니 어쩌면 솜씨보다 재료를 고르는 눈이 더 중요한지도 모르겠습니다.

쿠킹센스 1 고추

고추장 담그는 일을 생업으로 하는 터라 다른 어떤 재료보다 좋은 고추를 고르는 데는 일가견이 있다고 자부합니다. 저희 순창 집에서 1년에 사용하는 고추는 어림잡아 1만 근입니다. 1근에 600g씩이니까 1만 근이면 6천kg이나 되지요. 1톤 트럭으로 6대 분량이나 되니까 결코 적은 양이라고 할 수는 없습니다. 이 많은 고추를 저희 집 농장에서 직접 재배하는 것으로 전부 충당할 수는 없으므로 절반 가량은 계약 재배한 농가에서 사들여야 합니다. 9월부터 이듬해 2월까지 고추를 사들이는데, 고추를 제 눈으로 일일이 확인하지 않고는 창고로 들여보내질 않습니다. 만약 조금이라도 질이 떨어지는 고추가 있다면 맛좋은 고추장, 고추장 장아찌를 만들 수 없으니까요.
30여 년의 제 경험으로 비춰 볼 때 고추는 햇볕에서 말린 태양초가 가장 맛이 좋습니다. 그런데 요즘에는 태양초를 찾기가 쉽지 않습니다. 심지어 태양초는 고추 꼭지가 밝은 노란색이 난다니까 쪄서 말린 고추를 꼭지만 이런 색이 돌게 만들어서 태양초라고 속여 파는 사람들도 있다더군요.
제가 고추를 사들이는 원칙은 이렇습니다. 고추는 7월 말부터 8월 초에 '오사리'라고 하는 고추밭에서 두 번째로 따낸 '두물고추'가 가장 좋습니다. 물론 고추의 수확량이 떨어지는 해는 세 번째로 따낸 '세물고추'를 쓰기도 합니다. 일단 두물고추 중에서도 꼬투리가 밝은 노란색을 띠고 고추의 표면이 맑은 진홍색을 띠면서 윤이 나고 껍질이 도톰한 게 고추장을 담거나 장아찌를 담가 보면 확실히 맛이 좋더군요. 햇볕에서 말린 태양초는 물론 고추 표면에 희나리라고 해서 약간 희끗희끗한 것이 몇 개씩 묻어 있기도 합니다. 물론 희나리가 너무 많이 끼어 있는 것은 건조가 잘 되지 않은 것이므로 피해야 하지요.
고추를 고를 때는 고추의 속도 잘 살펴보아야 합니다. 고추를 분질러 보아서 씨가 적은 게 고춧가루의 양이 많을뿐더러 맛도 좋지요. 고추씨가 붙어 있는 부분에 간혹 곰팡이가 슬어 있는 것들도 있는데 이런 것도 고르지 않는 것이 좋습니다.

쿠킹센스 2 콩

고추만큼은 못 되지만 순창 저희 집에서 사용하는 콩의 양도 굉장히 많습니다. 민속 마을에서 십 리 남짓 떨어져 있는 곳에 저희 농장이 있긴 하지만 이곳에서는 고추 재배하기도 벅차서 콩은 아는 친지들에게 전량 계약 재배를 해 받아서 쓰고 있습니다. 우리 나라에서 재배되는 콩들은 대개 6~7월에 파종해 10월경에 수확하는 가을 콩이 맛이 좋습니다.

메주를 써보면 '중실'이라고 부르는, 너무 크지도 작지도 않은 중간 크기에 땡글땡글해 보이면서 노름스름하기도 하고, 파르스름하기도 한 색깔을 띠고 있는 게 맛이 구수하고 좋더군요. 또 콩알을 손으로 비벼 봐서 단단한 게 품질이 좋습니다.

쿠킹센스 3 배추

배추를 잘못 골라 김치가 맹맹하니 맛이 없게 된 경험을 하신 분들이 많을 겁니다. 이럴 때 저는 전라도 속담으로 '네 맛도, 내 맛도 없다'고 배추 장사 흉을 봅니다. 좋은 배추는 흰 줄기가 많고 잎에서는 광택이 나야 합니다. 또 배춧잎의 끝이 잘게 갈라져 있는 것이 좋고, 배추를 길이 방향으로 잘라서 혀끝을 댔을 때 달콤한 맛이 많이 나는 게 김치를 담갔을 때 아삭거리면서 깊은 맛이 난답니다.

쿠킹센스 4 무

무는 몸통이 쭉 뻗어 있는 게 맛이 좋습니다. 또 껍질이 단단하고 평평하며 잔 수염이 없으면서 흰 색깔을 많이 띠는 게 맛이 좋더군요. 또 무 잎을 분질러 보았을 때 딱 소리가 나면서 부러지는 게 좋고, 잎의 단면이 파랗고, 생기가 도는 게 맛이 좋습니다.

쿠킹센스 5 오이

오이는 표면이 까칠하면서도 눈이 뾰족하게 튀어나온 것이 싱싱합니다. 특히 껍질의 색이 짙고 광택이 분명하면서도 꼭지가 푸른 것이 아삭거리는 맛이 좋더군요.

쿠킹센스 6 갓

갓은 잎의 색깔이 짙을수록 김치를 담가 놓았을 때 특유의 향이 진합니다. 잎의 색이 진하면서도 손으로 만져 보았을 때 부드럽고 윤기가 나는 것을 골라야 합니다.

쿠킹센스 7 시금치

시금치는 이파리의 숫자가 많고 껍질과 줄기가 두꺼우면서도 연한 게 맛이 좋습니다. 또 뿌리 부분의 자주색이 진한 것일수록 단맛이 강해서 요리를 해놓았을 때 고소한 맛이 더 많이 나지요.

쿠킹센스 8 파

파는 줄기 부분의 녹색이 짙으며 뿌리 부분이 희고 굵으면서 연한 것이 맛이 좋습니다. 또 손으로 쥐어 보았을 때 뿌리에서 이파리 끝까지가 거의 같은 굵기로 느껴지는 게 맛이 더 좋습니다.

쿠킹센스 9 당근

당근은 뿌리가 똑바르면서도 살이 통통해 무게가 나가는 게 좋습니다. 껍질은 반들거리고 작은 뿌리가 세로로 똑바르게 줄지어서 붙어 있는 게 맛이 좋더군요. 분질러 보았을 때 주홍빛 겉껍질의 색깔이 깊게 들어가 있는 게 향긋한 맛이 납니다.

쿠킹센스 10 양파

양파는 껍질이 잘 말라 있으면서 밝은 색을 띠는 게 맛이 좋습니다. 양파 알이 굵으면서도 무게가 더 많이 나가는 것을 골라야 하며 매운 향이 많이 날수록 요리를 해놓았을 때 단맛이 더 나더군요.

음식 맛의 기본 간장…
더 맛있게 만드는 비법

옛날에는 집집마다 간장 맛이 달랐지요. 집집마다 주부가 음력 정월 말일(午日)이면 초겨울에 쑨 메주를 깨끗하게 씻어 직접 간장을 담갔기 때문이죠. 하지만 요즘에는 시골을 제외하고는 도시에서는 간장을 담그는 가정이 거의 없다죠? 그래서인지 고추장을 사러 온 손님들 중에서도 간장을 찾는 분들이 꽤 많습니다. 하긴 아파트라는 좁은 공간에서 간장을 담가 본들 제대로 맛을 들이기가 쉽지 않아서겠지요. 그 덕분에 저도 초겨울이면 메주를 쑤느라 일이 굉장히 많아졌어요. 1년에 메주를 쑤느라 사용하는 콩이 2톤 가까이 되니까요. 저는 간장을 담글 때 메주를 넉넉하게 넣는답니다. 보통 메주 5덩어리에 물 2말을 붓는데, 저는 메주 6덩어리에 물 2말을 붓지요. 이렇게 해야 간장의 색깔이 진하고 맛이 깊어지거든요. 그래서인지 저희 집 간장을 맛보신 분들은 '국간장이 진간장처럼 달다'고 칭찬을 많이 해주신답니다.

간장

:: 준비할 재료

메주 1.2말(5덩어리), 물 2말(36리터), 굵은 소금 10되(8kg), 마른 대추 5개, 마른 고추 5개, 참숯(큰 것) 5개, 통마늘 2개, 참깨 약간

:: 이렇게 만드세요

1. **항아리 소독하기** 항아리를 잘 씻어 끓는 물을 부어 소독한 다음 햇볕 좋은 날 바싹 말려 둔다. 빨갛게 달군 참숯을 항아리 바닥에 넣으면 소독 효과가 높아진다.
2. **메주 씻어 말리기** 메주는 잘 떠서 곰팡이가 고루 핀 것으로 고른다. 먼지를 털어 내고 솔로 문질러 가며 흐르는 물에 깨끗이 씻는다. 재빨리 씻어 채반에 펼쳐 널어 햇볕에 2~3일 동안 말린다.
3. **소금물 만들기** 소쿠리에 베 보자기를 깔고 소금을 담아 물을 조금씩 부어 가며 소금물을 만든 다음 하룻밤 정도 그대로 두어 가라앉힌다. 소금 찌꺼기가 가라앉으면 윗물만 따라 내고 찌꺼기는 버린다.
4. **메주에 소금물 붓기** 소독해 놓은 항아리를 물기 없도록 마른 행주로 잘 닦은 다음, 가라앉힌 소금물을 체에 걸러 가며 붓고 말린 메주를 넣는다. 만약 메주가 가라앉으면 간이 싱거운 것이므로 소금을 더 녹여 다시 붓는다. 소금물의 농도는 달걀로 쉽게 체크해 볼 수 있는데, 달걀을 소금물에 담갔을 때 반 정도 떠오르면 농도가 맞는 것이다.
5. **굵은 소금 뿌리기** 물에 뜬 메주에 굵은 소금을 뿌려 나쁜 곰팡이가 생기는 것을 막는다. 깨끗이 씻은 대추, 고추, 마늘을 넣은 후 참숯을 불에 달군 다음 항아리에 넣고 항아리 뚜껑을 덮는다. 행주로 항아리를 깨끗이 닦는다.
6. **간장 달이기** 장 담근 지 3일째 되는 날 뚜껑을 열고 메주 상태를 본다. 국물을 맛보아서 간이 부족하면 소금물로 다시 간을 맞춘다. 담근 지 40일이 지나면 간장을 따라서 체에 밭쳐 달인다.

구수한 기본 양념 된장…
더 맛있게 만드는 비법

된장은 단백질이 풍부한 콩의 효능을 최대한 살린 식품이라고 하더군요. 저도 구수한 된장을 꽤나 즐겨 먹는 편입니다. 시래기 듬뿍 넣고 지져낸 시래기 된장볶음은 어릴 적부터 입에 물리게 먹었지만, 아직도 제가 좋아하는 반찬 중에서 으뜸을 차지할 정도랍니다. 간장을 담그는 것 못지않게 정성 또 정성이 필요한 게 바로 된장입니다. 저는 된장을 담그는 메주는 간장을 빼지 않고 그냥 사용합니다. 된장의 고소한 맛과 깊은 향을 느끼려면 간장을 빼지 않는 것이 좋거든요. 간장을 빼낸 메주로 된장을 담그면 진한 맛이 나지 않기 때문에 저를 비롯한 고추장 민속마을 제조기능인들은 대개 이런 방법을 사용한답니다. 그래서 민속마을 사람들은 "순창 전통 된장은 양질의 국산 콩만을 주원료로 메주를 빚어 순창의 청정한 환경 속에서 1년 동안 발효시킨 무색소, 무방부제, 무조미료의 자연 식품이다"라고 자신 있게 이야기를 한답니다.

단백질, 지방, 탄수화물, 비타민, 미네랄 등이 풍부하게 들어 있는 순창 민속마을 식 된장 담그는 법을 알려 드릴게요.

된장

:: 준비할 재료
메주 1말, 굵은 소금·간장 적당량

:: 이렇게 만드세요

1. **메주 손질해서 불리기** 메주는 잘 떠서 곰팡이가 고루 핀 것으로 골라, 먼지를 털어 내고 솔로 문질러 가며 흐르는 물에 깨끗이 씻은 다음 물에 불려 놓는다.
2. **된장 치대기** 불린 메주를 손으로 치대다가 너무 되직하면 간장을 조금 떠서 붓는다. 간장이 고루 섞여 부드럽게 될 때까지 정성스럽게 치댄다.
3. **소금으로 간 맞추기** 된장 맛을 보아 싱거우면 소금을 섞거나 소금물을 뿌려 간을 맞춘다.
4. **항아리에 담기** 항아리 바닥에 소금을 뿌린 다음 치대어 으깬 된장을 꼭꼭 눌러 담고, 위에 굵은 소금을 하얗게 뿌린다. 망사를 씌워 묶고 뚜껑을 덮은 후 마른 수건으로 항아리 주변을 잘 닦아 물기를 말끔히 없앤다.
5. **햇볕 쬐어 말리기** 이틀 정도 그대로 두었다가 3일째 되는 날부터 항아리 뚜껑을 열어 햇볕을 쬔다. 낮에는 햇볕을 쬐고, 밤에는 뚜껑을 덮어 두기를 열흘 정도 계속한다. 그 후 한 달 동안은 이틀에 한 번씩 뚜껑을 열어 둔다. 이렇게 40일이 지나면 뚜껑을 덮고 볕이 좋을 때만 뚜껑을 열어 햇볕을 쪼이면 되는데, 햇볕을 많이 쬘수록 된장 맛이 좋아진다.

구수한 고향의 맛 청국장……
더 맛있게 만드는 비법

겨울에 무 숭숭 썰어 넣고 끓이던 청국장을 저는 1년 사시사철 담급니다. 10여 년 전 제가 띄운 청국장을 한 손님께 선물했더니 구수하고 깊은 맛이 난다며, 여러 곳에 입소문을 내 준 덕분에 제가 만든 청국장을 찾는 분들이 늘어났기 때문이죠.

최근에는 청국장에 들어 있는 균이 유산균이나 비피더스균처럼 몸의 면역력을 높여 주고 심근경색, 뇌혈전 등을 예방한다는 연구 결과들이 발표되면서 건강 식품으로 드시는 분들이 더욱 늘어나서 청국장을 만드는 양이 훨씬 많아졌습니다. 청국장을 띄우기 위해서는 '중실'이라는 콩을 잘 골라야 합니다. 벌레 먹은 콩이 들어가면 청국장의 고소한 풍미가 떨어지기 때문이죠. 이렇게 잘 골라 낸 콩을 잘 불려서 청국장을 띄우면, 장이 발효되어 뜨는 구수한 냄새가 온 집안을 진동하죠. 끈끈한 실이 잘 나오면 청국장을 절구에 넣어 찧어서 냉동실에 보관합니다. 몸에 좋은 유익균의 활동이 멈추긴 하지만, 오랫동안 변질되지 않게 하려면 이 방법이 최선의 선택이거든요. 고추장 민속마을에서 귀띔해 준 정보에 따르면 청국장에는 비타민E가 듬뿍 들어 있어서 몸 속의 지방이 산화되는 것을 막아 주어 노화나 주름살을 방지하는 효과가 있다더군요. 또 빈혈 예방 효과도 얻을 수 있고, 장 속에서 몸에 해로운 성분이 달라붙는 작용을 해 암을 예방해 주는 효과도 있다고도 하고요. 이렇듯 몸에 이로운 성분이 많은 청국장을 집에서도 담가 드시는 것은 어떨까요?

청국장

:: 준비할 재료
콩 1말, 소금 ½컵, 고춧가루 1컵, 다진 마늘 3큰술

:: 이렇게 만드세요
1. **콩 불리기** 콩은 벌레 먹은 것이나 깨진 것을 잘 골라 내어 하룻밤 정도 물에 푹 담가서 충분히 불린다.
2. **콩 삶기** 불린 콩은 물을 넉넉히 부어 고소한 메주 냄새가 날 정도로 푹 삶아 준다.
3. **콩 물기 빼기** 잘 삶아진 콩을 체에 밭쳐 물기를 완전히 없앤다.
4. **콩 띄우기** 물기를 뺀 콩을 항아리에 담고 면 보자기나 비닐 랩으로 잘 덮어 준 다음 따뜻한 아랫목에서 3~4일 정도 띄운다.
   3일 정도 지나서 끈끈한 실 같은 진이 나오면 위 아래를 잘 뒤섞어서 하루 정도 더 띄운다.
5. **콩 찧기** 잘 띄워진 콩을 꺼내서 절구에 넣고 곱게 찧는다. 콩을 찧는 도중에 소금, 마늘, 고춧가루를 넣어 간을 한다.
6. **청국장 보관하기** 한 번 먹기 좋은 크기로 갈라서 비닐 랩에 씌워 냉동 보관하면 오래 두고 먹어도 변질되지 않는다.

음식을 더 맛깔스럽게, 깊어지게 하는 천연 조미료

인공 조미료를 넣고 맛을 내면 간단하기는 하지만 몸에 이롭지 않다는 것을 모르는 사람은 없지요. 음식 잘하는 사람은 여러 가지 천연 조미료를 직접 만들어 사용하는 재주가 남다릅니다. 다시마를 곱게 빻아 국물 맛을 깊게 낼 때 넣고, 나물이나 찌개의 맛을 구수하게 하고 싶을 때는 멸칫가루를 넣기도 합니다. 조금씩 장만해서 재료에 따라 음식의 종류에 따라 넣어두면 좋은 천연 조미료 만드는 방법, 조금만 부지런을 떨면 참 간단해요.

다시마 가루

다시마 표면의 흰 가루를 행주로 잘 닦은 다음 바짝 말려 곱게 빻아 둔다. 이 가루를 미리 준비해 놓으면 여러 가지 국물 맛을 낼 때 요긴하게 쓸 수 있다.

∷ 이렇게 만드세요

1. **다시마 닦기** 다시마는 너무 두껍지 않은 것으로 준비해 물에 적신 행주로 표면에 묻어 있는 흰가루 염분을 잘 닦아낸다.
2. **다시마 굽기** 다시마를 석쇠 사이에 넣고 타지 않게 바삭 굽는다.
3. **분쇄기에 갈기** 구운 다시마를 작게 잘라서 분쇄기에 넣고 곱게 간 다음, 체에 걸러 부드러운 가루로 만든다.

멸칫가루

멸치의 내장을 잘 발라서 살짝 볶은 다음 가루를 내어 쓴다. 멸칫가루는 나물이나 찌개, 전골 등의 국물 맛을 낼 때 두루 사용할 수 있다.

∷ 이렇게 만드세요

1. **멸치 다듬기** 멸치 대가리와 내장을 깨끗이 없애서 손질한다.
2. **멸치 볶기** 냄비나 프라이팬에 기름을 넣지 않고 달궈 1분 정도 재빠르게 볶아서 비린내를 없앤다.
3. **분쇄기에 갈기** 볶은 멸치를 분쇄기에 넣고 잘 간 다음, 체에 걸러서 고운 가루만 사용한다.

북어 가루

북어는 뼈를 발라내어 가루로 만든 다음 햇볕에 널어서 잘 말린 것을 사용한다. 찌개에 넣거나 조림 양념장을 만들 때 넣으면 국물 맛이 고소해진다.

:: **이렇게 만드세요**

1. **북어 손질하기** 북어는 껍질을 잘 벗긴 다음 등뼈를 잘 잘라낸다.
2. **햇볕에 말리기** 햇볕에 잘 말린 다음 분쇄기에 곱게 간다.
3. **체에 거르기** 체에 걸러 부드러운 가루만 사용한다.

표고버섯 가루

바짝 말린 표고의 기둥을 떼 내고 잘 손질한 다음 가루를 낸다. 찌개나 국, 채소 조림, 죽 등에 넣으면 시원한 맛이 난다.

:: **이렇게 만드세요**

1. **표고 말리기** 생 표고버섯 200g을 살짝 씻어 채반에 널어 말린다.
2. **행부로 닦기** 잘 말린 표고버섯은 마른 거즈로 먼지와 잡티를 잘 닦아낸다.
3. **체에 거르기** 표고버섯을 통째로 분쇄기에 넣어 곱게 간 다음, 체에 걸러 부드러운 가루만 사용한다.

홍합 가루

말린 홍합을 잘 손질해 행주로 깨끗하게 닦아 바짝 말려서 가루를 낸다. 나물을 무칠 때 넣으면 좋다.

:: **이렇게 만드세요**

1. **홍합 다듬기** 말린 홍합의 이물질을 제거하고, 젖은 행주로 깨끗하게 닦는다.
2. **말리기** 햇볕에 바짝 말린 다음 분쇄기에 넣어 곱게 간다.
3. **체에 거르기** 체에 걸러 부드러운 가루만 사용한다.

당근 가루

단맛이 풍부한 당근에는 비타민A인 카로틴이 풍부하다. 아이들 간식을 만들 때 단맛을 내고 싶을 때 당근 가루를 넣으면 달콤한 맛이 살아난다.

:: **이렇게 만드세요**

1. **당근 썰기** 당근을 깨끗이 씻어 껍질째 얇게 썬다.
2. **말리기** 얇게 썬 당근을 채반에 담아 햇볕에서 바짝 말린다.
3. **분쇄기에 갈기** 행주로 먼지를 깨끗하게 닦아낸 다음 분쇄기에 넣고 곱게 간다.

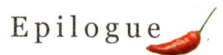

전통 손맛 이어주는…
300개의 항아리

집 앞마당과 지하 창고에는 전통 항아리가 그득 들어차 있습니다. 물 300리터가 들어가는 항아리가 300여 개가 있으니까, 그 항아리를 열고 닫는 일만 해도 하루 해가 짧지요.

제가 만든 장아찌나 고추장, 간장, 된장들은 전부 전통 항아리 속에서 숨을 쉬며 맛을 들여 갑니다. 순창을 비롯한 전라도 지역을 돌며 수집해 온 항아리도 있고, 친정어머니로부터 대물림 받은 항아리도 있습니다.

아침마다 저는 항아리 뚜껑을 열어 보며 자식처럼 귀한 고추장과 장아찌, 간장, 된장들에게 "밤새 맛있게 익었는가?" 하면서 인사를 합니다. 그 많은 항아리들을 일일히 다 열어 볼 수는 없는 노릇이니까, 어떤 항아리는 손으로 쓰다듬기만 한 채로 인사를 하곤 하죠.

고추장과 간장, 된장이 들어 있는 항아리들은 햇볕이 잘 드는 곳에 있습니다. 이들 식품은 가능하면 햇볕을 듬뿍 받아야 맛이 더 깊어져서 품질이 좋아지거든요. 반면 고추장 장아찌가 들어 있는 항아리는 지하 저장고에서 숨을 쉽니다. 장아찌는 햇볕을 받으면 물컹거려서 맛이 없어지므로 품질이 떨어지거든요. 더구나 순창의 전통 맛을 살린 장아찌들은 3년 정도를 숙성시키는 것이 보통이므로 잘못 관리하면 공들인 보람이 없어진답니다.

항아리 속에 들어 있는 식품들은 손님들이 찾아오면 대개 1kg, 2kg, 3kg 단위로 담겨져서 손님들의 식탁으로 간답니다. 제가 파는 찹쌀고추장이나 더덕, 도라지, 굴비, 오이, 감, 마늘, 장아찌 등은 '순창 전통고추장 제조기능인 23호'라는 전통식품 품질인증업체 보증 마크를 달고 세상 구경을 나갑니다. 2003년 3월 15일에는 제가 만든 찹쌀고추장을 전라북도 도지사께서 '최고 명품'으로 지정해 주시기도 하였습니다.

그런 까닭에 저는 힘들고, 대량으로 만들 수는 없어도 옛 전통 방식을 고집합니다. 물론 재료도 엄선된 국산만 사용하죠. 이문 몇 푼 더 챙기겠다고 눈속임을 하면 제 자손심에 먹칠하는 일이기 때문입니다. 앞으로도 전통 항아리와 함께 오래도록 매운맛을 많은 분들께 선물하고 싶습니다.